Gontran Cherrier

GONTRAN JOUE DE LA CASSEROLE

Gontran Cherrier

GONTRAN JOUE DE LA CASSEROLE

Photographies de Bob Norris
Stylisme de Valéry Drouet

HACHETTE
Pratique

Sommaire

Ça y est, je passe en cuisine !

Je suis issu d'une famille de boulangers et de pâtissiers qui exerce depuis trois générations. J'ai donc tout naturellement emprunté cette voie à mon tour.

Pâtissier de formation, j'ai travaillé dans différents secteurs de la restauration et dans des restaurants dont le Lucas-Carton et L'Arpège, à Paris.

La cuisine, c'est ma passion ! J'adore concocter, mitonner, inventer... ce qui tombe bien puisque les personnes qui m'entourent adorent se régaler.

Je n'ai pas appris la cuisine en suivant la voie académique, mais j'ai eu un bon maître en la matière, Bénédict. À chaque fois que j'ai eu l'occasion de l'assister, lors des brunches qu'il organise régulièrement, j'ai pris un vrai cours de savoir-faire pratique !

Le message que je souhaite faire passer à travers ce livre est simple : la cuisine est à la portée de tous. Avec de bons ingrédients faciles à trouver chacun peut cuisiner de bons petits plats.

Comme vous le constaterez, j'aime utiliser des légumes que l'on a un peu perdu l'habitude de consommer, comme les topinambours, par exemple, ou encore les cœurs d'artichauts qui sont ici accommodés au goût du jour, vous verrez...

J'ai écrit ce livre dans le même esprit que le précédent « À croquer... les desserts de Gontran », avec la volonté de vous proposer des recettes rapides à réaliser, faciles à cuisiner et le désir de marier des recettes traditionnelles d'ici et d'ailleurs avec des plats originaux.

Gontran

Gontran mijote une soupe

Pour **4** personnes - Préparation : **10 min** - Cuisson : **20 min**

Soupe de champignons

Cette soupe de champignons est aussi excellente que simple. Ma mère en fait de temps en temps et elle est terminée avant même que je m'en aperçoive ! Vous pouvez la servir avec des petits dés de jambon cru parsemés sur le dessus ou bien des noix concassées, ou bien encore de la coriandre hachée et toujours avec un filet d'huile, qu'elle soit d'olive ou de noix.

1 grosse barquette de champignons de Paris
50 g de beurre
4 cuil. à soupe de farine
sel et poivre

Lavez les champignons, coupez la base du pied et tranchez-les en lamelles.

Faites dorer les champignons dans le beurre pendant 15 min. Lorsqu'ils sont cuits, ajoutez la farine, mélangez et faites cuire 5 min. Puis, recouvrez d'eau et faites bouillir 10 min.

Salez et poivrez. Mixez le tout, puis ajustez l'assaisonnement.

Servez cette soupe encore chaude mais légèrement tiédie.

Vin conseillé

Un vin à base de chardonnay, généreux, avec des notes d'élevage sous bois encore présentes, comme le limoux les-Hauts-Clochers.

Pour **4** personnes - Préparation et cuisson : **30 min**

Soupe chinoise

Voici une recette originale et simple à préparer ; on n'a pourtant pas vraiment l'habitude de la consommer chez soi. Je l'aime un peu piquante. Faites attention si vous utilisez de la pâte de piment car elle est très forte : employez-la avec précaution et en dosant à votre goût.

2 blancs de poulet (350 g)
60 g de gingembre frais
6 brins de ciboulette
2 piments rouges (ou, à défaut, 1 petite cuil. à café de pâte de piment)
1,5 l de bouillon de volaille
5 cl de jus de citron vert
2 cuil. à soupe de sauce Nuoc Mâm (au rayon produits du monde)
2 cuil. à soupe de sauce de soja
100 g de vermicelle de riz
20 g de feuilles de menthe
100 g de germes de soja
40 g de feuilles de coriandre

Coupez le poulet et le gingembre en tranches fines. Hachez la ciboulette et coupez finement les piments.

Portez à ébullition le bouillon, (reconstitué à partir de cubes), le jus de citron, la sauce Nuoc Mâm, le gingembre et la sauce de soja. Baissez le feu et laissez mijoter 5 min.

Ajoutez le poulet et faites cuire 10 min. Vérifiez que la viande est bien cuite. Pour cela, prenez un morceau de poulet et assurez-vous qu'il soit bien blanc à l'intérieur.

Versez le vermicelle et faites cuire 2 min en remuant sans cesse.

Mettez tous les autres ingrédients au moment de servir.

Si vous utilisez de la pâte de piment, mélangez bien la soupe avant le service.

Vins conseillés

Xérès, jura, vouvray, jurançon.

Pour **4 à 6** personnes - Préparation : **30 min** - Marinade : **2 h**

Gaspacho

Ce n'est pas une recette très originale, je le reconnais, mais c'est une entrée tellement agréable en été ! Vous pouvez, si vous le trouvez trop épais, l'allonger avec du jus de tomate.

10 tomates (750 g)
2 oignons rouges
1 concombre (250 g)
1 gros poivron rouge
1 l de jus de tomate
1 belle gousse d'ail
2 cuil. à soupe de vinaigre de Xérès
1 citron jaune
1 cuil. à soupe d'aneth haché
3 cuil. à soupe d'huile d'olive
sel et poivre

Épluchez les légumes, hachez grossièrement les tomates, un oignon, la moitié du concombre et la moitié du poivron. Mettez le tout dans un grand récipient avec le jus de tomate, la gousse d'ail et le vinaigre, puis mixez. Réservez au frais pendant au moins 2 h.

Lavez le citron jaune et râpez le zeste avec une râpe fine. Coupez en petits dés le reste du concombre après l'avoir épépiné avec une petite cuillère, le reste du poivron, le dernier oignon et hachez l'aneth. Faute de temps, vous pouvez hacher le tout ensemble.

Assaisonnez ces légumes avec l'huile d'olive, l'aneth, du sel et du poivre.

Au moment de servir, ajoutez dans chaque assiette remplie de soupe de tomates un peu de cette garniture et saupoudrez de zestes de citron.

Vins conseillés

Plat d'été par excellence, le gaspacho s'accompagnera très bien d'un rosé, presque autant pour l'harmonie des couleurs du verre et de l'assiette que des saveurs. Pour rester dans la proximité géographique, vous pouvez choisir un côtes-du-roussillon ou un irouléguy, selon que vous privilégiez l'extrémité méditerranéenne ou atlantique de la frontière.

Pour **4** personnes - Préparation : **30 min** - Cuisson : **1 h10**

Bortsch froid

C'est vraiment ce que je préfère dans les soupes ou les entrées russes ! Le bortsch froid ou chaud vous réconciliera avec la betterave. Il est absolument nécessaire d'utiliser une crème aigre pour apprécier ce plat à sa juste valeur.

1,3 kg de betteraves cuites
300 g de pommes de terre
160 g de carottes
1 gros oignon (200 g)
30 g de beurre
300 g de tomates en boîte
5 cl de vinaigre de vin de qualité
350 g de bœuf (gîte ou noix)
2 feuilles de laurier
220 g de chou blanc
10 cl de crème aigre
ou, à défaut, de la crème fraîche
2 cuil. à soupe de persil plat haché

Râpez les betteraves ou coupez-les en allumettes. Épluchez les légumes, coupez en gros dés les pommes de terre et les carottes puis hachez finement l'oignon.

Dans une grande casserole, faites fondre le beurre, puis faites-y revenir l'oignon. Lorsqu'il est bien tendre, ajoutez les pommes de terre, les carottes, les tomates avec leur jus, 1,8 l d'eau, le vinaigre, le bœuf et les feuilles de laurier. Portez à ébullition, couvrez et laissez cuire à feu doux pendant 1 h.

Pendant ce temps, coupez le chou en lanières et hachez le persil.

Dégraissez le bouillon à l'aide d'une louche : la graisse fondue apparaît à la surface du bouillon. Sortez le morceau de viande puis coupez-le en petits morceaux. Ajoutez le chou dans la soupe et remettez les morceaux de viande. Faites cuire encore 10 min sans couvrir et laissez entièrement refroidir. Ajoutez la betterave.

Servez avec, sur le dessus, de la crème aigre et du persil haché.

Vous pouvez consommer cette soupe chaude : prolongez alors la cuisson finale d'une bonne dizaine de minutes.

Vins conseillés

Si vous voulez poursuivre dans la thématique russe, c'est bien entendu une vodka qui accompagnera ce bortsch. Cependant, si vous souhaitez proposer du vin, mieux vaut s'orienter vers un vin marqué par l'acidité : un picpoul-de-pinet ou un muscadet. De plus, si vous n'avez pas trouvé de crème aigre, le vin apportera la pointe acide qui pourrait faire défaut au plat.

Pour **4** personnes - Préparation et cuisson : **50 min**

Soupe de pois chiches au jambon cru, noix et herbes fraîches

Pois chiches, jambon cru et herbes fraîches : c'est une composition simple mais étonnante. Je vous conseille de la préparer un soir d'hiver ou alors de la consommer tiède ou froide.

1 branche de céleri
1 oignon
2 cuil. à soupe d'huile d'olive
+ 1 filet pour servir
60 cl de fond de volaille
1 feuille de laurier
350 g de pois chiches
(en boîte ou en bocal)
10 cl de crème liquide
1 grande tranche et demie de jambon cru
de 0,5 cm d'épaisseur
100 g de noix concassées
1 cuil. à soupe de coriandre
sel et poivre

Coupez en gros dés la branche de céleri.

Dans une grande casserole, faites fondre l'oignon avec l'huile d'olive, ajoutez le fond de volaille, la feuille de laurier et le céleri.

Portez à ébullition et ajoutez les pois chiches et la crème, laissez cuire à feu doux 5 min.

Enlevez la feuille de laurier, mixez, salez et poivrez.

Servez en mettant au centre de l'assiette quelques dés de jambon, un peu de noix, de la coriandre et un filet d'huile d'olive.

Vins conseillés

Le pois chiche et surtout la noix appellent un vin blanc du Jura, à base du cépage savagnin, avec un élevage oxydatif qui va lui donner des notes caractéristiques de noix justement. Vous pouvez bien sûr choisir un vin jaune ou, plus simplement, un vin d'assemblage à dominante savagnin comme l'arbois Tradition du domaine Tissot.

Autre possibilité : un xérès Oloroso, vin espagnol dont l'élevage présente des similitudes avec les vins du Jura.

Pour **4** personnes - Préparation : **20 min** - Cuisson : **35 min environ**

La soupe de potiron au gingembre de Ben

C'est la recette d'un ami, Bénédict. Il m'a appris pas mal de choses en cuisine et, entre autres, cette recette qu'il a mise au point. Vous allez voir, c'est délicieux ! Vous pouvez l'accompagner avec du pain très grillé, presque noir, et râpé sur le dessus de la sauce.

1 à 1,2 kg de potiron
40 g de gingembre frais
huile d'olive
quelques feuilles de coriandre
sel

Épluchez le potiron, coupez-le en morceaux et mettez ces derniers dans une cocotte ou un faitout ; recouvrez d'eau. Épluchez le gingembre et coupez-le en morceaux, ajoutez-les dans la cocotte. Faites cuire 35 min.

Vérifiez la cuisson : si c'est cuit, égouttez en conservant le jus ; sinon, continuez jusqu'à ce que le potiron soit tendre.

Mixez en ajoutant un peu de jus récupéré, détendez la soupe avec autant de jus que vous voudrez et ce jusqu'à obtenir la consistance souhaitée ; salez.

Servez, ajoutez un peu d'huile d'olive et décorez avec quelques feuilles de coriandre.

Vin conseillé

Un tokay-pinot gris alsacien.

Pour **4** personnes - Préparation : **15 min** - Cuisson : **40 min**

Velouté d'aubergines aux haricots rouges et à la feta

Rien que le titre est consistant, alors imaginez le plat ! C'est un peu compliqué à préparer mais le résultat est génial !

3 grosses aubergines
1 petite gousse d'ail
1 cuil. à soupe d'huile d'olive
200 g de haricots rouges en boîte
5 belles feuilles de basilic
ou 1/2 cuil. à soupe de basilic haché
1/2 cuil. à soupe de coriandre hachée
1,5 cube de bouillon de légumes
160 g de feta
sel et poivre

Préchauffez votre four à 240 °C (th. 8) ou sur position gril.

Faites griller les aubergines, retournez-les toutes les 10 min de façon à ce que la chair cuise régulièrement. Elles sont cuites lorsqu'au toucher, la chair est bien tendre ; cela peut demander environ 30 min.

Dans une grande casserole, faites revenir l'ail préalablement haché avec l'huile d'olive. Égouttez les haricots et ajoutez-les dans la casserole avec le basilic haché et la coriandre ; faites chauffer à feu doux avec le bouillon de légumes reconstitué dans 70 cl d'eau chaude.

Coupez les aubergines en deux et récupérez la pulpe avec une cuillère à soupe. Ajoutez-la aux haricots. Faites cuire l'ensemble environ 10 min.

Récupérez la moitié de la soupe et mixez-la ; ajoutez-la au reste non mixé, mélangez et ajoutez pour finir la feta émiettée, du poivre et du sel si nécessaire.

Servez avec quelques gouttes d'huile d'olive, quelques feuilles de coriandre ou de basilic sur le dessus et du pain grillé.

Vin conseillé

Un tokay-pinot gris alsacien.

Crevettes Grises

Gontran accommode les poissons et les fruits de mer

Pour **4** personnes - Marinade : **1 h** - Préparation et cuisson : **20 à 40 min**

Gambas aux herbes, poivre et sel

Il est important pour cette recette de ne pas avoir trop de sauce, l'intérêt est de faire griller les gambas à la poêle, donc à feu vif. J'achète les gambas décortiquées : cela facilite vraiment le travail et on en trouve de très bonnes surgelées.

24 gambas décortiquées
10 feuilles d'estragon
10 tiges de ciboulette
1 cuil. à soupe de coriandre ou de persil plat
1 gousse d'ail
5 cuil. à soupe d'huile d'olive
jus de citron vert
fleur de sel et poivre du moulin

Épluchez et hachez la gousse d'ail, rassemblez les herbes et hachez-les.

Dans un plat bas, mettez les gambas et les herbes, ajoutez l'ail et arrosez d'huile d'olive, mélangez puis réservez au frais 1 h.

Dans une grande poêle chaude, mettez à cuire les gambas. Arrosez-les d'un peu de jus de citron vert ; assaisonnez-les à la fleur de sel et au poivre moulu pas trop fin avant de servir.

Vin conseillé

Un riesling alsacien, sec, qui fera écho au citron vert, dont les notes minérales pourront jouer sur la saveur des gambas, un Neumeyer par exemple.

Autres possibilités : un vin à base de sauvignon, plutôt droit qu'exubérant, avec une acidité assez marquée, sancerre, pouilly fumé ou menetou-salon, ou un chablis, moins aromatique mais toujours caractérisé par une belle acidité.

Pour **4** personnes - Préparation et cuisson : **20 à 25 min**

Gambas au pastis

C'est un classique que l'on mange à l'apéritif en été ! Vous pouvez bien sûr choisir des gambas entières, c'est pour le côté pratique que je vous les propose décortiquées. Vous pouvez aussi remplacer le pastis par du whisky.

20 queues de gambas décortiquées
1 gousse d'ail
1 cuil. à soupe de coriandre fraîche ou surgelée (en grandes surfaces)
3 cuil. à soupe d'huile d'olive
2 cl de pastis
fleur de sel et poivre du moulin (mélange 5 baies de Ducros force 2)

Hachez l'ail et la coriandre si vous la choisissez fraîche.

Dans une poêle ou dans un wok, faites chauffez l'huile, ajoutez les crevettes et, quand elles sont presque cuites, ajoutez l'ail.

Quand les gambas sont cuites, ajoutez le pastis hors du feu puis, avec une allumette, faites flamber en faisant attention aux flammes. Quand elles sont éteintes, ajoutez la coriandre, salez, poivrez et mélangez de nouveau.

Servez ces gambas à l'apéritif ou avec un riz au curry et à la crème de coco (voir recette p. 96).

Vins conseillés

Un vin sudiste, avec du gras, qui puisse répondre aux notes anisées, de Provence ou du Languedoc, un cassis ou un clairette.

Pour **4** personnes - Préparation et cuisson : **30 min**

Noix de saint-jacques au curry et à la coriandre

Eh oui, encore une recette de noix de saint-jacques : on adore ça à la maison donc, pour ne pas se lasser, on varie les assaisonnements !

5 petites noix de saint-jacques ou 3 grosses par personne, fraîches ou congelées
du lait
1 belle gousse d'ail
1 cuil. à soupe de coriandre
2 cuil. à soupe d'huile d'olive
1 cuil. à café de curry
3 cuil. à soupe de vin blanc
1 noix de beurre
fleur de sel et poivre du moulin

Si vous avez choisi des noix de saint-jacques congelées, faites-les décongeler dans du lait, elles seront plus tendres.

Hachez la gousse d'ail et la coriandre.

Faites chauffer l'huile dans une poêle, faites revenir l'ail et ajoutez ensuite les noix de saint-jacques.

Faites cuire les noix environ 5 min de chaque côté (comptez 6 à 7 min si les noix sont grosses).

Pendant la première partie de la cuisson, ajoutez le curry, le vin blanc et enfin le beurre.

Salez et poivrez (sauf si le curry est piquant) en fonction de votre goût et ajoutez la coriandre.

Servez ce plat avec des asperges ou une fondue de poireaux (voir recette p. 80) ou bien encore des endives braisées à l'orange mais sans ajouter de curry (voir recette p. 91).

Vin conseillé

Un arbois blanc, pour son côté à la fois épicé et tranchant, qui présente des similitudes aromatiques mais rafraîchira le plat par son acidité.

Autre possibilité : pour jouer la similitude, on peut s'orienter vers un tokay-pinot gris d'alsace, gras et aromatique.

Pour **4** personnes - Préparation et cuisson : **30 min**

Noix de saint-jacques aux zestes d'orange

Comme vous allez le remarquer, il y a pas mal de recettes de noix de saint-jacques : j'adore ça et, en plus, on peut les préparer de plusieurs façons. L'idéal, pour cette recette, est d'avoir des zestes d'orange un peu grossiers pour le croquant et la couleur. Si vous avez un zesteur, n'hésitez pas ; à défaut, une râpe fera l'affaire. En fonction de votre goût, vous pouvez prolonger la cuisson jusqu'à 7 minutes, afin que les noix craquellent légèrement.

12 à 16 noix de saint-jacques
1 orange
2 cuil. à soupe d'huile d'olive
1 petite gousse d'ail
1 belle noix de beurre
3 cuil. à soupe de jus d'orange
sel et poivre

Zestez l'orange, pressez-la ensuite et réservez le jus obtenu.

Dans une poêle, mettez l'huile d'olive, ajoutez la gousse d'ail écrasée à l'aide d'un presse-ail puis faites cuire les noix de saint-jacques environ 4 min de chaque coté. À mi-cuisson, ajoutez le beurre et les zestes d'orange. En fin de cuisson, salez et poivrez.

Après avoir ôté les noix de saint-jacques de la poêle en y laissant le jus de cuisson, ajoutez le jus d'orange pour allonger la sauce.

Versez-la sur les noix de saint-jacques avant de servir.

Vins conseillés

Un vin musclé, assez puissant avec une carrure suffisante pour supporter l'ail et les zestes. Pour rester dans les tonalités d'écorce d'orange, un vin à base des cépages marsanne ou roussanne seront très bien. On trouve ces cépages dans le sud de la France : vallée du Rhône, Languedoc, vous pouvez donc choisir un côtes-du-rhône blanc, un coteaux-du-languedoc ou un vin de pays, par exemple le vin de pays d'Oc, Roussanne, du domaine des Amandiers. **Autre possibilité** : un tokay-pinot gris d'Alsace.

Pour **4** personnes - Préparation : **15 min** - Cuisson : **environ 12 min**

Filets de sole au sirop d'orgeat

Certains poissons se marient très bien avec les fruits secs ; j'ai eu l'idée de cuisiner les filets de sole avec du sirop d'orgeat, il ne faut pas trop en mettre car c'est très sucré. Par contre, si vous voulez essayer d'ajouter un filet de sirop avant de servir, n'hésitez pas.

4 beaux filets de sole sans arête
4 feuilles de sauge
ou 2 cuil. à café de sauge hachée congelée (en grandes surfaces)
6 olives noires dénoyautées
1/2 citron
huile d'olive
25 g de beurre
+ 15 g si vous faites dorer les amandes
2 cuil. à soupe de sirop d'orgeat
150 g d'eau et 2 cuillères à café de fumet de poisson en poudre
poivre et sel

Préchauffez votre four à 210 °C (th. 7).

Hachez la sauge, si vous la choisissez fraîche, et les olives. Zestez le citron et récupérez 1 cuil. à soupe de son jus ; réservez-le.

Dans un plat à four, mettez un peu d'huile d'olive sur tout le fond et disposez-y les filets de sole ; salez et poivrez, recouvrez d'un filet d'huile d'olive et faites cuire environ 10 min.

Dans une casserole, faites fondre le beurre avec le sirop d'orgeat, l'eau, le fumet de poisson en poudre et ajoutez les zestes de citron et le jus. Faites bouillir 1 minute en fouettant bien puis ajoutez les olives.

Arrosez de sauce avant de servir. Accompagnez ce plat avec des cœurs d'artichauts aux amandes (voir recette p. 86).

Vous pouvez, si vous le souhaitez, ajouter des amandes effilées (60 g), surtout si vous ne servez pas ce plat avec des artichauts. Ajoutez-les sur les filets de sole cuits, après les avoir fait revenir et griller dans une poêle avec une noix de beurre.

Vin conseillé

Un vin à base de chardonnay avec des notes d'élevage sous bois encore présentes pour jouer sur l'amande, comme un limoux, ou un vin des côtes-de-Beaune.

Crevettes Grises
79

Pour **4** personnes - Préparation : **10 min** - Cuisson : **30 min**

Thon à la sauce verte

Cette recette est inspirée d'un livre sur la cuisine vénitienne : c'est une recette très parfumée dont la méthode de préparation est simple.

2 tranches de thon de 2 cm d'épaisseur
1/2 bouquet de persil plat
1/2 bouquet de coriandre
1 poivron vert
100 g d'olives vertes dénoyautées
100 g d'olives noires dénoyautées
2 cuil. à soupe de câpres
1 cuil. à café de thym
2 cuil. à soupe d'huile d'olive
1 jus de citron
15 cl de vin blanc
sel

Préchauffez votre four à 180 °C (th. 6).

Hachez le persil plat et la coriandre. Videz le poivron et, si vous en avez le courage, épluchez-le à l'aide d'un économe : il sera plus digeste. Hachez le poivron avec les olives et les câpres.

Dans un saladier, mélangez les herbes hachées, le poivron, les olives, les câpres et le thym.

Dans un plat allant au four, versez l'huile d'olive, placez les tranches de thon à plat, recouvrez-les avec le hachis vert préparé précédemment. Versez ensuite le jus de citron et le vin blanc, puis salez.

Enfournez pendant 30 min.

Servez avec des pommes de terre vapeur.

Vin conseillé

Le plat présente des saveurs à la fois corsées et herbacées : olives, câpres, poivron... Pour faire face à ce fort caractère : un clairet rosé, de la région de Bordeaux, de préférence à base de cabernet.

Pour **4** personnes - Préparation : **15 min** - Cuisson : **environ 40 min**

Noix de saint-jacques aux asperges vertes et à l'orange

C'est une recette de mon amie, j'ai été très agréablement surpris par la qualité du plat et du mariage ! Il est vrai que la période des asperges est courte mais on peut en trouver des surgelées de très bonne qualité. Si vous utilisez des noix surgelées, faites-les décongeler dans du lait, elles seront plus tendres.

Les noix de saint-jacques :
3 grosses noix de saint-jacques ou 5 petites par personne
2 cuil. à soupe d'huile d'olive
2 gousses d'ail
2 cuil. à soupe de vin blanc sec
20 cl de crème fraîche
sel et poivre du moulin

Les asperges :
12 asperges vertes fraîches ou congelées
1 cuil. à soupe d'huile d'olive
30 g de beurre
1 orange
fleur de sel

Préparez les noix de saint-jacques. Hachez l'ail. Dans une poêle, mettez l'huile et l'ail et faites dorer à feu vif les noix de saint-jacques environ 7 min de chaque coté de manière à ce qu'elles soient bien dorées. Réduisez le feu, ajoutez le vin et laissez réduire 5 min. Ajoutez la crème, le sel et le poivre. Réduisez à feu très doux et laissez cuire quelques minutes à couvert.

Préparez les asperges : épluchez-les si vous les choisissez fraîches. Mettez-les dans une casserole d'eau bouillante salée, faites-les cuire 1 à 2 min puis égouttez-les et coupez-les en deux.

Dans une poêle, versez l'huile et faites revenir les asperges à feu vif 10 min en incorporant le beurre ; tournez régulièrement.

Zestez l'orange et pressez-en la moitié. Ajoutez le jus ainsi que le zeste râpé à la sauce et laissez cuire 10 min à feu moyen. Servez ce plat en disposant les demi-asperges sur les noix. Salez. Accompagnez ce plat de riz ou de pâtes.

Vin conseillé

Un vin à la fois sec et aromatique comme un sauvignon : pouilly-fumé, sancerre, menetou-salon ou un muscat sec d'Alsace.

Pour **4** personnes - Préparation et cuisson : **30 min**

Filets de rouget aux olives et aux zestes de citron

C'est une recette que j'affectionne particulièrement car je l'ai apprise au Lucas-Carton. Accompagnez-la avec des petits croûtons de baguette – demandez à votre boulanger de la trancher et passez ces morceaux au gril – tartinés de tapenade (voir recette p. 146).

4 beaux filets de rouget (ou 8 petits)
1 citron jaune
8 olives noires dénoyautées (12 pour des petits filets)
1 petite gousse d'ail
le jus du citron jaune
2 cuil. à soupe d'huile d'olive + huile pour la poêle
1 noix de beurre
coriandre
fleur de sel et poivre de moulin

Zestez, à l'aide d'un économe, la moitié du citron puis pressez le citron entier. Égouttez les olives.

Dans une petite casserole d'eau, portez à ébullition les zestes de citron ; égouttez, rincez à l'eau froide et recommencez l'opération une deuxième fois. Réservez ces zestes.

Tranchez les olives en fines rondelles ; hachez très finement les zestes de citron. Hachez la gousse d'ail. Mélangez ensemble les zestes, les olives, le jus de citron et l'huile d'olive. Réservez le tout.

Dans une poêle, mettez un peu d'huile d'olive et le beurre ; faites chauffer, ajoutez l'ail et faites dorer les filets côté peau puis côté chair. Dès que les filets sont cuits, arrosez-les avec la sauce, salez-les et poivrez-les, mettez toutes les olives et ajoutez un peu de coriandre.

Vin conseillé

Un graves blanc, vin de la région de Bordeaux, élevé sous bois. Les notes d'élevage apporteront un contrepoint intéressant et suffisamment présent aux saveurs des olives noires, du rouget et des zestes de citron. Un graves d'un bon rapport qualité prix et facile à trouver : Château Villa-Bel-Air.

Autre possibilité : pour revenir vers un accord plus méditerranéen, on peut s'orienter vers un rosé de Provence qui s'entendra en bon voisin avec le rouget et les olives !

Pour **4** personnes - Préparation : **20 min** - Cuisson : **10 min**

Saumon poêlé à ma sauce

On a tous notre manière d'assaisonner le poisson, surtout le saumon qui se marie avec beaucoup de produits. C'est rapide à préparer si vous avez dans votre placard et votre réfrigérateur les différentes matières premières. Vous pouvez avoir chez vous, pour vous dépanner, des herbes surgelées car elles sont très pratiques à utiliser mais préférez quand même les herbes fraîches. Vous pouvez préparer la sauce la veille et faire mariner le poisson au réfrigérateur pendant la nuit.

4 beaux pavés de saumon
La sauce :
1 citron jaune
1 belle gousse d'ail
1 cuil. à soupe de ciboulette
2 cuil. à soupe de coriandre
2 cuil. à café de câpres
6 filets d'anchois
1 cuil. à soupe de jus de citron
1 cuil. à soupe de vinaigre balsamique
2 cuil. à soupe d'huile d'olive
+ 2 cuil. à soupe pour la poêle
1/2 cuil. à café de graines de cumin

Zestez le citron et râpez le zeste ; récupérez 1 cuil. à soupe de jus de citron et réservez-le pour la sauce ; hachez finement l'ail, la ciboulette, la coriandre et hachez grossièrement les câpres et les anchois.

Préparez la sauce en mélangeant dans un bol le jus de citron, le vinaigre, l'huile d'olive et ajoutez ensuite tous les ingrédients.

Badigeonnez les pavés de poisson avec la sauce.

Dans une poêle, versez 2 cuil. à soupe d'huile d'olive et faites cuire les pavés de saumon des deux côtés jusqu'à cuisson complète du poisson.

Servez ce plat avec des pommes de terre sautées ou un curry de légumes (voir recette p. 89).

Vin conseillé

Un beau riesling bien mûr, avec des notes de citron et d'orange.

Pour **4** personnes - Préparation : **10 min** - Cuisson : **15 min**

Filets de perche du Nil au gingembre

Si vous voulez râper le gingembre, je vous conseille de l'éplucher le plus tôt possible et de le mettre au congélateur dans un sachet ou une boîte. De plus, cela facilitera son utilisation : le gingembre se râpe plus facilement une fois congelé car les fibres sont fragilisées par le gel.

2 filets de perche du Nil sans arête de 400 g environ
50 g de gingembre frais épluché
4 cuil. à soupe d'huile d'olive + 1 filet pour servir
2 gousses d'ail
sel et poivre du moulin
1 cuil. à soupe de coriandre hachée
1/2 citron

Hachez le gingembre ou râpez-le. Épluchez et hachez l'ail.

Faites chauffer la poêle avec l'huile d'olive et faites revenir l'ail et la moitié du gingembre.

Placez les filets dans la poêle chaude et faites-les cuire à feu vif 10 min environ. Ne vous inquiétez pas si les filets se cassent un peu, voire beaucoup, c'est normal.

Lorsque les filets sont cuits, salez-les et poivrez-les ; ajoutez la coriandre, le reste du gingembre, le jus du demi-citron et un filet d'huile d'olive.

Accompagnez cette recette avec des pommes de terre sautées ou des pois mange-tout et des épinards sautés mais sans ajouter de gingembre (voir recette p. 84).

Vin conseillé

Un vin à base de chardonnay, bien mûr, par exemple un beaujolais blanc ou un vin du Mâconnais.

Gontran mitonne les viandes et la volaille

Pour **4** personnes - Préparation et cuisson : **30 min**

Poulet au cumin et au citron

Cette recette fait partie de mes préférées, elle est simple et rapide à réaliser, je me suis inspiré d'un plat que j'ai mangé dans un excellent restaurant asiatique. Vous pouvez mettre des zestes de citron râpé ou du citron confit que vous trouverez dans le commerce.

4 blancs de poulet
1/2 citron confit au sel
1 gousse d'ail
1 cuil. à soupe de coriandre hachée
4 cuil. à soupe d'huile d'olive
1 petite cuil. à café de cumin moulu
le jus de 1/2 citron
sel et poivre (mélange 5 baies de Ducros)

Coupez les blancs de poulet en morceaux, hachez le citron confit, la gousse d'ail et la coriandre.

Dans une poêle, versez l'huile d'olive, faites revenir l'ail puis ajoutez le poulet et le cumin. Quelques minutes avant la fin de la cuisson, mettez le citron confit et le jus de citron.

Au moment de servir, ajoutez la coriandre hachée, salez et poivrez.

Servez ce plat avec des pommes de terre sautées ou avec un curry de légumes (voir recette p. 89).

Vins conseillés

Les blancs de poulet et les citrons confits peuvent naturellement appeler un blanc, auquel cas vous pouvez choisir un chenin de Loire, un vouvray par exemple avec suffisamment de sève pour supporter le cumin. Un accord un peu moins évident mais qui peut très bien fonctionner serait avec un vin à base de gamay mais, loin des vins primeur, choisissez plutôt un cru du Beaujolais, plein, avec de la rondeur et du velouté et de jolies notes épicées parmi lesquelles le cumin viendra se fondre : par exemple, un chénas du domaine Santé.

Aiguillettes de canard au miel et aux épices

C'est une recette très rapide à réaliser avec une viande que l'on consomme trop peu. Vous trouverez facilement des aiguillettes de canard soit en grande distribution, soit chez votre boucher, sur commande souvent. Il est préférable d'assaisonner le canard avec l'épice de votre choix et, si vous ne trouvez pas de ras-el-hanout, mettez un peu de curry et de cannelle.

1 cuil. à soupe d'huile d'olive
20 aiguillettes (5 par personne)
3 cuil. à soupe de miel liquide
1 cuil. à café de ras-el-hanout
poivre et sel

Faites chauffer l'huile d'olive dans une poêle.

Mettez-y à cuire les aiguillettes une dizaine de minutes.

3 ou 4 min avant la fin de la cuisson, ajoutez le miel et le ras-el-hanout et laissez bouillir. Salez et poivrez.

Servez avec des pommes de terre sautées ou avec un risotto au safran (voir recette p. 97) – dans ce cas, ne mettez pas de ras-el-hanout dans la recette – ou encore des navets aigres-doux (voir recette p. 79).

Vins conseillés

Les jurassiens soutiennent qu'ils produisent les vins, rouges et blancs, qui s'accordent le mieux avec le canard à l'orange ; je vous propose de vérifier que cette affirmation peut s'étendre à ce canard au miel et aux épices. Vous pouvez, selon votre envie, vous orienter vers un blanc, avec une forte proportion de savagnin et un élevage oxydatif pour retrouver des notes épicées de curry avec une acidité qui contrastera agréablement avec la douceur du plat, ou bien vers un rouge à base de poulsard, seul ou en assemblage, pour jouer sur les notes fumées du vin. Le domaine Rolet propose une gamme très homogène dans laquelle vous pouvez choisir l'arbois Tradition en blanc ou le poulsard en rouge.

Pour **4** personnes - Préparation : **15 min** - Marinade : **1 h** (facultatif) - Cuisson : **20 min environ**

Blancs de poulet au citron, spécial barbecue

C'est très simple et le citron confit donne beaucoup de goût et se marie très bien avec le piment. Je vous conseille de bien cuire les morceaux de poulet, cela n'en sera que meilleur.

4 à 6 blancs de poulet
5 tranches de citron confit au sel
1/2 cuil. à café de pâte de piment
3 cuil. à soupe d'huile d'olive
le jus de 1/2 citron
sel

Coupez en grosses lanières les blancs de poulet.

Hachez finement le citron confit, mélangez-le dans un saladier avec la pâte de piment, l'huile d'olive et le jus du demi-citron. Salez. Ajoutez le poulet.

Réservez au frais environ 1 h si vous en avez le temps.

Préparez votre barbecue et faites cuire la viande marinée de 15 à 20 min en fonction de la taille des blancs de poulet.

Vin conseillé

Un vin à base de gamay, assez vif et fruité : un beaujolais par exemple.

Pour **4** personnes - Préparation : **15 min** - Cuisson : **10 min environ**

Filets de bœuf, spécial barbecue

Une préparation de barbecue doit toujours être facile et rapide, c'est pourquoi je vous propose une préparation originale, mais simple, qui permet de varier les plaisirs.

4 beaux filets de bœuf
4 belles tomates séchées
3 cuil. à café de pâte de piment
1 cuil. à soupe d'huile d'olive

Hachez finement les tomates séchées.

Mélangez les tomates avec la pâte de piment et l'huile d'olive.

Badigeonnez les filets de bœuf, entiers ou préalablement coupés en lanières, avec le mélange précédemment préparé.

Préparez votre barbecue et faites cuire les filets selon votre goût.

Vin conseillé

Une syrah pleine et fruitée, aux arômes de cassis et de fumé : coteaux-du-languedoc, côtes-du-rhône.

Pour **4** personnes - Préparation : **10 min** - Cuisson : **30 min environ**

Poulet aux gnocchis et au pesto

Un plat complet réalisé en peu de temps ! Vous trouverez les gnocchis chez les traiteurs italiens ou en grandes surfaces au rayon pâtes fraîches. Vous pouvez très bien remplacer le pesto par une préparation de tomates confites hachées (au même rayon que le pesto).

4 beaux blancs de poulet
600 g de gnocchis frais
1 cuil. à soupe d'huile d'olive
1 gousse d'ail
10 cl de vin blanc
250 g de crème liquide
80 g de pesto
quelques feuilles de basilic frais
sel et poivre

Préchauffez votre four à 210 °C (th. 7).

Faites chauffer une grande casserole d'eau salée et faites cuire les gnocchis ; sortez-les avec une écumoire dès qu'ils remontent à la surface.

Badigeonnez les blancs de poulet avec un peu d'huile d'olive ; salez-les et poivrez-les.

Enfournez-les environ 15 min ; vérifiez la cuisson car elle varie en fonction de l'épaisseur de la viande.

Pendant ce temps, hachez finement la gousse d'ail.

Dans une poêle, faites revenir l'ail et ajoutez le vin blanc ; laissez mijoter jusqu'à ce que le liquide soit presque entièrement évaporé.

Ajoutez la crème puis le pesto et faites bouillir le tout 1 min. Baissez le feu et faites réduire la sauce pendant 5 min ; vérifiez le niveau car il doit vous rester suffisamment de sauce quand même.

Mélangez les gnocchis avec la sauce. Décorez avec le basilic.

Vins conseillés

Pour rebondir sur les notes végétales du pesto, vous pouvez tenter un vin à base de chenin : vouvray, montlouis. Sinon, vous pouvez vous orienter vers un accord géographique plus classique avec un côtes-de-provence ou un coteaux-du-languedoc blanc.

Pour **4 à 6** personnes - Préparation : **20 à 30 min** - Cuisson : **45 min**

Agneau aux abricots secs et aux amandes

Il est vraiment excellent, cet agneau accompagné d'abricots et d'amandes ! N'hésitez pas à faire beaucoup de sauce au moment de préparer les abricots : il est préférable d'en avoir trop que pas assez.

2 kg d'épaule d'agneau coupée en morceaux de 150 à 200 g
4 grosses gousses d'ail
4 oignons
1 cuil. à soupe de coriandre ou de persil plat hachés
120 g d'amandes entières émondées
5 œufs
4 cuil. à soupe d'huile d'olive
2 cuil. à café de cannelle en poudre
5 bâtons de cannelle
1 petite cuil. à café de curcuma en poudre
25 g de beurre
4 cuil. à soupe de sucre en poudre
1 cuil. à café de gingembre moulu
sel et poivre (environ 1 cuil. à café de chaque)
200 g d'abricots mi-secs ou moelleux

Épluchez et hachez finement les gousses d'ail et les oignons.

Hachez les herbes. Dans une poêle, faites griller les amandes légèrement concassées et réservez-les.

Faites durcir les œufs 10 min dans une casserole d'eau frémissante puis rafraîchissez-les sous l'eau froide et écalez-les.

Dans un faitout, versez l'huile et faites revenir l'ail et l'oignon.

Ajoutez la viande, la moitié de la cannelle, le curcuma, la coriandre, le beurre, le sel et le poivre. Faites revenir de 5 à 10 min.

Retournez la viande et quand elle est bien dorée, recouvrez d'eau. Laissez cuire pendant 45 min à couvert et à feu moyen. Surveillez la quantité d'eau et, s'il y a trop d'évaporation, ajoutez-en un peu et assaisonnez de nouveau.

Au bout de 30 min de cuisson, prélevez suffisamment de jus de cuisson pour recouvrir les abricots. Mettez ce jus dans une casserole avec le reste de cannelle en poudre, les bâtons, le sucre et les abricots. Faites chauffer à feu doux, couvrez et laissez cuire 15 min.

Vérifiez la quantité de jus pendant la cuisson, ajoutez-en si nécessaire et assaisonnez si besoin. Égouttez, réservez le jus d'un coté et les fruits de l'autre.

Une fois la viande cuite et la sauce réduite, mettez la viande dans un plat, arrosez avec le jus des abricots, décorez avec les œufs coupés en deux et les amandes grillées.

Servez avec de la semoule et, si vous êtes courageux, des navets (voir p. 79) ou des aubergines (voir p. 83).

Vin conseillé

Un rivesaltes, vin doux du Roussillon. Je choisirais plutôt un vin ambré, pour ses notes de miel et d'épices, comme ceux produits par le domaine Mossé.

Pour **4** personnes - Préparation : **15 min** - Cuisson : **15 min environ**

Côtes de veau aux olives

Vous pouvez préparer cette recette différemment, en mettant des tomates à cuire au four ou en ajoutant des tomates pelées et un peu de jus dans la casserole de sauce aux olives.

8 côtes de veau
2 belles gousses d'ail
1 cuil. à soupe de persil plat
1 cuil. à café d'origan séché
1 cuil. à soupe d'huile d'olive
200 à 250 g de mélange d'olives dénoyautées
1 cuil. à soupe d'huile d'olive pour la poêle
2 cuil. à soupe de vin blanc
sel et poivre du moulin

Préchauffez votre four à 200 °C (th. 6-7) avec la grille.

Hachez finement l'ail et le persil. Hachez grossièrement les olives, mélangez-les avec l'origan, le persil et l'huile d'olive.

Dans une casserole, faites chauffer l'huile d'olive et faites revenir l'ail. Ajoutez le mélange aux olives et laissez mijoter à feu doux et à couvert avec le vin blanc.

Placez les côtes de veau préalablement salées et poivrées sur la grille chaude du four et faites-les cuire 3 à 4 min de chaque côté.

Au sortir du four, disposez-les dans un plat, laissez reposer 2 min puis recouvrez-les de sauce.

Servez cette viande avec des topinambours aux herbes fraîches (voir recette p. 81) ou du riz blanc assaisonné d'un filet d'huile d'olive et d'herbes fraîches.

Vin conseillé

Si vous voulez accentuer le tranchant en jouant sur les notes végétales du plat, vous pouvez vous orienter vers un vin à base de chenin : vouvray, saumur, savenières. Si vous préférez jouer le gras du vin face au caractère relevé du plat, allez plutôt vers un côtes-du-rhône blanc à base de marsanne, roussanne ou grenache blanc.

Pour **4** personnes - Marinade : **2 h** - Préparation et cuisson : **40 min**

Poulet à la façon chinoise

Les nouilles de riz fraîches ne sont pas faciles à se procurer ; vous les trouverez en grandes et moyennes surfaces. Fiez-vous aux conseils de cuisson portés sur le paquet. La marinade peut être faite la veille, elle ne doit pas vous empêcher de réaliser ce plat.

400 g de blancs de poulet
1 belle gousse d'ail
5 cl de sauce de soja
5 cl de sauce aux huîtres
1 oignon moyen
100 g de petits épis de maïs
1 petit poivron rouge
1 courgette
150 g de pois mange-tout
10 brins de ciboulette
250 g de nouilles de riz fraîches
2 cuil. à soupe d'huile d'arachide
150 g de brocolis
5 cl de bouillon de volaille
80 g de germes de soja

Coupez le poulet en morceaux, mettez-le dans un plat avec la gousse d'ail hachée et une cuil. à soupe et demie de chaque sauce, couvrez et mettez au réfrigérateur 2 h.

Épluchez et émincez l'oignon, coupez les épis de maïs en deux dans la longueur, tranchez le poivron et la courgette. Coupez en gros morceaux les pois mange-tout et hachez la ciboulette.

Dans un grand saladier, mettez les nouilles et versez de l'eau bouillante. Laissez 5 min et égouttez. Dans un wok ou dans une poêle, mettez la moitié de l'huile d'arachide, faites sauter le poulet sans l'égoutter, jusqu'à ce qu'il soit cuit à point. Réservez.

Dans le même ustensile de cuisson, mettez le reste de l'huile puis faites revenir l'oignon jusqu'à ce qu'il blondisse. Ajoutez les brocolis, le maïs, le poivron et la courgette. Laissez cuire à feu vif jusqu'à ce que tous les légumes soient tendres. Ajoutez le poulet avec le reste des sauces et le bouillon. Faites bouillir la sauce.

Retirez du feu et ajoutez les germes de soja, les nouilles, les pois mange-tout et la ciboulette.

Vin conseillé

Il s'agit d'une association difficile, il faut que le vin ne se laisse secouer à la fois ni par l'iode et le sel de la sauce aux huîtres, ni par les notes végétales des légumes. La droiture et la minéralité d'un chablis devraient lui permettre de traverser indemne l'épreuve en apportant au plat son tranchant et son fruit.

Boulettes d'agneau, pitas et houmous

Dans cette recette, ce qu'il est le plus difficile de se procurer, c'est la pâte de sésame (tahin) qu'on trouve dans les épiceries orientales ou dans certaines grandes surfaces. À défaut, remplacez-la par de la pâte de cacahuète non sucrée.

8 pains pitas
Les boulettes :
650 g d'agneau haché
1 cm de gingembre frais
60 g pain de mie
(+ du lait pour tremper)
1 belle gousse d'ail
1 grosse cuil. à soupe de coriandre hachée
1/2 cuil. à café de cumin moulu
huile pour la poêle
sel

L'houmous :
270 g de pois chiches en boîte
1 citron
1 gousse d'ail
150 g de pâte de sésame (tahin)
1 cuil. à soupe d'huile d'olive
sel

La finition :
1 filet d'huile d'olive
paprika doux

Préparez les boulettes : dans un saladier, mélangez la viande hachée, le gingembre épluché et haché, le pain préalablement trempé dans du lait et égoutté, la gousse d'ail hachée, la coriandre, le cumin et quelques pincées de sel. Mélangez l'ensemble puis faites des petites boulettes et réservez-les au frais.

Pour réaliser les boulettes sans qu'elles collent à vos mains, prenez soin de bien les mouiller au préalable.

Préparez l'houmous : égouttez les pois chiches et mettez-les dans une casserole, recouvrez d'eau et faites bouillir environ 5 min.

Pressez le citron et hachez l'ail.

Égouttez et versez les pois chiches dans le bol d'un robot, mixez et ajoutez la pâte de sésame, l'ail, le jus de citron et l'huile d'olive ; mixez, salez et réservez cette préparation.

Au moment de servir, faites chauffer une poêle et faites-y cuire les boulettes.

Faites légèrement griller les pitas dans le four, versez l'houmous dans un bol ou répartissez-le dans plusieurs petits récipients, décorez avec un filet d'huile d'olive et du paprika grossièrement saupoudré.

Ouvrez les pitas en deux et garnissez-les d'houmous et d'une boulette de viande.

Vous pouvez accompagner le tout d'une petite salade de tomates.

Vin conseillé

Un rosé épicé, clairet de Bordeaux ou côtes-du-roussillon rosé. Vous pouvez aussi tenter un côtes-du-roussillon rouge à dominante de grenache pour ses notes épicées.

Pour **4** personnes - Préparation : **15 min** - Cuisson : **35 min environ**

Filets mignons aux pommes

Le porc se marie très bien avec les fruits. Vous pouvez mettre un peu de cidre dans la cocotte pour la sauce. Si vous n'aimez pas le cumin, remplacez-le par de la cannelle.

2 filets mignons (700 g environ)
2 pommes golden
1 gousse d'ail
1 petit oignon
2 cuil. à soupe d'huile d'olive
1 cuil. à café de cumin en poudre ou de cannelle
1 cuil. à soupe de coriandre hachée
sel et poivre

Épluchez les pommes et coupez-les en huit, enlevez le cœur et réservez-les. Hachez l'ail et l'oignon.

Dans une cocotte, mettez l'huile, l'ail, l'oignon et la viande assaisonnée avec le sel, le poivre et le cumin. Dans le fond de la cocotte, ajoutez 4 cuil. à soupe d'eau. Faites cuire pendant 10 min puis ajoutez les pommes et la coriandre. Vérifiez le fond : si l'eau s'est évaporée, ajoutez-en 2 cuil. à soupe et arrosez la viande avec le jus du fond de la cocotte.

Faites cuire encore 10 min puis retournez la viande et faites-la cuire 10 min supplémentaires.

Vérifiez la cuisson en coupant une tranche.

Servez avec des pommes de terre sautées et des pois mange-tout cuits à la vapeur.

Vins conseillés

Un vin à base du cépage mauzac, qui présente souvent des arômes de pomme et qu'on trouve dans le Sud-Ouest, dans la région de Gaillac. Plusieurs domaines proposent des cuvées dans lesquelles ce cépage est présent comme le domaine Plageoles ou le domaine de Causses Marines. Si vous voulez servir un rouge, un vin à base d'un ou plusieurs des cépages typiques du Jura (trousseau, poulsard...) sera à son aise face à la pomme et au cumin.
Autre possibilité : un cidre, bien sûr !

Pour **4** personnes - Préparation : **1 h** - Cuisson : **1 h 15**

Poulet rôti aux herbes et au citron

Du poulet rôti, vous direz que ce n'est pas très original mais, quand il est préparé et cuit comme dans cette recette, je peux vous assurer que ce n'est pas la dernière fois que vous le ferez.

1 poulet fermier de 1,5 kg environ
1 cuil. à soupe de basilic haché
1 cuil. à soupe de persil plat haché
1 citron
20 g de sauge
3 feuilles de laurier
3 brins de romarin
5 cuil. à soupe d'huile d'olive
sel et poivre

Préchauffez votre four à 210 °C (th. 7).

Hachez le basilic et le persil.

Préparez le poulet : décollez la peau des filets de poulet sans la déchirer, puis glissez un peu d'herbes hachées sous la peau. Glissez, à l'intérieur de la volaille, le citron coupé en deux avec la moitié de la sauge, le laurier et le romarin. Salez et poivrez l'intérieur du poulet. Incisez la peau entre le corps et les cuisses, placez à cet endroit le reste de sauge. Huilez généreusement la peau. Salez et poivrez.

Enfournez le poulet et faites-le cuire 45 min. Passé ce temps, retournez le poulet et faites-le cuire 15 min de plus. Retournez-le encore et prolongez à nouveau la cuisson de 15 min.

Pour l'accompagnement, vous pouvez placer, dès le début de la cuisson du poulet, des petites pommes de terre grenaille dans le fond de votre plat de cuisson. Vous pouvez aussi servir ce plat avec des navets aigres-doux (voir recette p. 79).

Vin conseillé

Les saveurs dominantes du plat rôti, garrigue, se marieront très bien à un vin rouge qui présente ces mêmes arômes, par exemple un coteaux-du-languedoc ou un saint-chinian.

Pour **4** personnes - Préparation : **15 à 20 min** - Cuisson : **40 min**

Le chili con carne d'Emmanuelle

Comme l'indique le nom de cette recette, c'est le chili revisité par Emmanuelle. Je lui demande souvent de le faire parce que c'est rapide et que j'adore vraiment le résultat. C'est une recette bien plus simple que celle du chili d'origine et vous ne serez pas déçus !

250 g de viande hachée
2 oignons
2 gousses d'ail
1 tomate fraîche
1/2 poivron rouge épépiné
1/2 botte de coriandre
1 cuil. à soupe d'huile d'olive
1 cuil. à soupe rase de cumin
1 cuil. à café de piment doux
200 g de tomates pelées en boîte
1 boîte de haricots rouges
70 g de maïs en boîte
quelques gouttes de Tabasco (en fonction de l'intensité de goût relevé souhaité)
sel

Hachez les oignons et les gousses d'ail. Coupez en dés la tomate et le poivron.

Hachez la coriandre.

Dans une cocotte ou une grande casserole, faites revenir dans l'huile d'olive et à feu doux les oignons, le poivron et la tomate et ce durant 15 à 20 min.

Salez la viande et incorporez-la en évitant de faire des paquets.

Ajoutez les épices, les tomates pelées et l'ail. Couvrez et laissez cuire 15 à 20 min, en fonction de la cuisson de la viande.

Ajoutez les haricots rouges et le maïs en fin de cuisson et laissez mijoter quelques minutes.

Avant de servir, ajoutez le Tabasco en fonction de votre goût, puis saupoudrez de coriandre.

Servez ce plat bien chaud, accompagné de riz blanc et de guacamole.

Vin conseillé

La facilité consiste à boire de la bière (brune plutôt que blonde) sur ce plat très relevé. Si vous souhaitez servir un vin, il faut une bouteille qui ait du répondant : un vin du sud-ouest assez tannique peut tirer son épingle du jeu : cahors, irouléguy, madiran.

Pour **4** personnes - Préparation : **40 min** - Cuisson : **20 à 25 min**

Magrets de canard à l'orange

J'ai toujours aimé le canard à l'orange mais j'ai mis très longtemps avant d'en préparer un chez moi. Je le mangeais toujours au restaurant et n'osais pas me lancer dans l'achat d'un canard entier. Aujourd'hui, on en trouve très facilement que ce soit en aiguillettes, en steaks ou en magrets (les plus faciles à trouver).

2 beaux magrets de canard
3 oranges
15 cl de fond brun (1/2 cube de bouillon + eau chaude)
3 cl de liqueur d'orange (Cointreau, Grand Marnier, etc.)
1/2 cuil. à soupe de vinaigre balsamique
1 cuil. à soupe de sucre
15 cl de jus d'orange
25 g de beurre
sel, poivre

Pelez à vif les oranges (ôtez la peau blanche) et coupez-les en segments ou en rondelles ; la présentation sera un peu moins jolie, mais les oranges seront plus faciles à couper.

Reconstituez le fond brun en diluant le demi-cube dans de l'eau chaude. Récupérez le zeste d'une des oranges.

Dans une casserole, versez la liqueur, le vinaigre, le sucre, le jus d'orange et le fond brun. Faites bouillir 2 min. Baissez le feu et laissez mijoter 10 à 15 min ; ajoutez ensuite les zestes et le beurre et fouettez bien. Salez et poivrez à votre goût. Maintenez la sauce au chaud, à feu très doux et à couvert.

Faites quelques incisions dans le gras des magrets et faites-les cuire sur un gril à feu doux : commencez sur le gras jusqu'à ce qu'il soit bien doré ; enlevez la graisse fondue au fur et à mesure de la cuisson avec une cuillère à soupe. Retournez les magrets et prolongez la cuisson de 5 min. Réservez dans un plat couvert pour qu'ils ne refroidissent pas.

Ajoutez les oranges coupées dans la sauce. Découpez les magrets et nappez-les de sauce. Servez ce plat avec des pommes de terre sautées ou des navets aigres-doux (voir recette p. 79).

Vin conseillé

Un vin à base de pinot noir, avec du fruit et de la rondeur, un vin de la côte-de-beaune par exemple.

Pour **4** personnes - Trempage des fèves : **12 h** - Préparation : **20 min** - Cuisson : **2 h environ**

Agneau marocain aux fèves et à l'orange

C'est encore une recette de mon amie... eh oui, on travaille beaucoup à la maison ! On s'est inspiré d'une recette que fait sa maman, ça remonte à des générations, chacune modifie un petit quelque chose. Voici une remise à jour indispensable aujourd'hui.

1 épaule d'agneau de 1,5 kg, coupée en morceaux de 100 à 150 g
250 g de grosses fèves rouges sèches
2 oignons
2 gousses d'ail
1 orange
2 cuil. à soupe d'huile d'olive
1 cuil. à soupe rase de ras-el-hanout (en fonction de sa force)
sel

Faites tremper les fèves 12 h avant de préparer la recette.

Salez la viande. Pelez et hachez les oignons et l'ail. Zestez l'orange puis pressez-en le jus. Faites bouillir les zestes 30 min puis rincez-les à l'eau froide. Coupez-les en petits morceaux.

Versez l'huile dans une cocotte ou dans un faitout et faites-y dorer la viande à feu vif 3 min de chaque côté.

À feu doux, ajoutez le ras-el-hanout, les oignons, l'ail, le jus d'orange, la moitié des zestes et les fèves égouttées. Mouillez avec 25 cl d'eau et fermez la cocotte. Faites cuire 1 h.

À l'issue de cette première cuisson, ajoutez le reste des zestes. Prolongez alors la cuisson de 30 min à 1 h.

Accompagnez ce plat de semoule. Incorporez-y 1 cuil. à soupe de raisins secs (bruns de préférence) ou bien encore de navets aigres-doux (voir recette p. 79).

Vin conseillé

Un vin à base de merlot, pas trop boisé, avec du fruit et des épices : un vin de la rive droite du bordelais : lalande-de-pomerol, fronsac...

Pour **4** personnes - Préparation : **15 min** - Cuisson : **30 min**

Filets mignons rôtis au miel et à la sauce de soja

C'est une recette dans l'esprit du porc au caramel ; si vous voulez vous en rapprocher davantage, ajoutez au début, dans le plat, un gros oignon émincé en fines tranches. Vous pouvez aussi procéder à une cuisson à la poêle ; demandez alors à votre boucher de couper les filets mignons en tranches assez fines.

2 filets mignons (700 à 800 g)
huile d'olive
4 cuil. à soupe de miel liquide
2 cuil. à soupe de moutarde à l'ancienne
1 cuil. à soupe de sauce de soja
1 cuil. à soupe de jus de citron
1 cuil. à soupe de ciboulette hachée

Préchauffez votre four à 240 °C (th. 8).

Mettez la viande dans un plat allant au four préalablement graissé avec un peu d'huile d'olive.

Dans un bol, mélangez le miel, la moutarde, la sauce de soja et le jus de citron.

Recouvrez la viande avec la sauce. Enfournez le plat environ 30 min en baissant la température à 210 °C (th. 7).

Vérifiez la sauce pendant la cuisson : si elle sèche, ajoutez un peu d'eau.

Coupez la viande en tranches et saupoudrez-les de ciboulette.

Servez avec la sauce et accompagnez avec du riz blanc ou des aubergines (voir recette p. 83).

Vins conseillés

Pour jouer sur les notes balsamiques de la sauce de soja et du miel cuit, je m'orienterais vers un vin aux notes de café, à base de mourvèdre, le cépage typique de Bandol. Vous pouvez choisir des vins de cette appellation ou de la même région de l'appellation côtes-de- provence, par exemple du domaine Saint-André de Figuière.

Autre possibilité : un tokay-pinot gris d'Alsace.

Pour **4** personnes - Préparation : **30 min** - Cuisson : **50 min** - Friture : **5 à 10 min**

Briouats de poulet

Faire des triangles en feuilles de brick, ça peut ne pas être évident ; les premiers sont difficiles à réaliser, ne vous en faites pas. Dès lors que vous maîtriserez le procédé, vous pourrez varier vos garnitures, en prenant soin de toujours mettre une garniture pas trop humide. On pourrait presque faire ce plat en dérivant sur la pastilla ; dans ce cas, il faut faire dorer les feuilles de brick dans une poêle avec un peu d'huile et doubler les quantités du reste des ingrédients. Ensuite, faites comme un mille-feuille, en séparant les feuilles de garniture (une hauteur d'environ cinq feuilles).

10 à 15 feuilles de brick
300 g de blancs de poulet
1 gousse d'ail
2 oignons
2 cuil. à soupe de persil plat
4 cuil. à soupe d'huile d'olive
1 cuil. à café rase de curcuma en poudre
1 cuil. à soupe rase de cannelle en poudre
1 cuil. à café rase de gingembre en poudre
1/2 cuil. à soupe de sucre en poudre
4 œufs
huile d'arachide pour la friture
sel et poivre

Épluchez et hachez l'ail et les oignons. Hachez le persil plat.

Dans un faitout, faites revenir, dans l'huile d'olive, l'ail, l'oignon, le poulet, le curcuma, la cannelle, le gingembre, le persil, le sucre, le sel et le poivre. Au bout de 5 min environ, ajoutez un grand verre d'eau puis laissez cuire 30 min.

Égouttez les blancs de poulet en récupérant la sauce puis réservez-les. Faites réduire la sauce à feu moyen pendant 20 min environ : elle doit épaissir.

Dans le jus réduit, cassez 3 œufs, fouettez activement et laissez cuire 10 min. À l'issue de la cuisson, passez le jus dans une passoire fine puis réservez.

Hachez grossièrement, au robot ou à la main, la chair du poulet et mélangez-la avec la sauce. Vérifiez l'assaisonnement.

Dans un bol, mettez le jaune de l'œuf restant et battez-le.

Sur le plan de travail, mettez une feuille de brick coupée en deux, placez au centre de chaque partie un peu de farce. Pliez en triangle ou en rectangle et collez les cotés ouverts avec un peu de jaune d'œuf battu, en les ramenant au centre. Procédez ainsi jusqu'à épuisement des feuilles.

Faites frire les briouats dans une poêle avec un fond d'huile (environ 1 cm). Tournez-les. Ils sont cuits lorsqu'ils sont bien dorés.

Égouttez-les sur du papier absorbant avant de les servir.

Vin conseillé

Un vin aux notes poivrées et fruitées, à base de pinot noir, qui apportera une certaine légèreté : un bourgogne-hautes-côtes-de-nuits par exemple.

Autre possibilité : un vin très tannique, comme un madiran, pour faire face au gras du plat.

Pour **4** personnes - Préparation : **20 min** - Marinade : **30 min** - Cuisson : **1 h environ**

Rôti de porc croustillant

Je ne sais pas pour vous mais, quand le gras du rôti croustille, c'est merveilleux ! Ce petit goût caramélisé de la couenne et la tendresse de la viande... Je vous donne quelques suggestions ou plutôt cette recette pour ne pas laisser ces deux éléments du plaisir au hasard.

1,5 à 2 kg de longe de porc
3 petites gousses d'ail
2 cuil. à café de romarin
1 citron
1 cuil. à café de graines de cumin
1 cuil. à soupe d'huile d'olive

Préchauffez votre four à 270 °C (th. 9).

Épluchez les gousses d'ail et hachez le romarin. Pressez le citron et réservez 4 cuil. à soupe de jus.

Dans un robot, mixez l'ail, les graines de cumin et 1 cuil. à café de romarin.

Faites des entailles assez rapprochées dans le rôti. Salez et saupoudrez le rôti avec 1 cuil. à café de romarin. Badigeonnez la viande avec le mélange ail-cumin-romarin. Ajoutez le jus de citron et l'huile d'olive puis réservez le rôti 30 min dans un endroit tempéré.

Dans le fond du plat contenant le rôti, mettez 10 cl d'eau. Enfournez-le 10 min, puis baissez la température à 210 °C (th. 7) et laissez cuire 20 à 30 min en fonction du poids du rôti.

Sortez le rôti du four et laissez-le reposer 10 min environ avant de le découper et de le déguster.

Vous pouvez le servir avec des topinambours et des pommes de terre.

Vin conseillé

Un vin rond et épicé à base de grenache noir, un côtes-du-roussillon ou un côtes-du-rhône du sud de la vallée du Rhône (région de Chateauneuf-du-Pape).

Pour **4** personnes - Préparation et cuisson : **40 min environ**

Blancs de poulet aux pistaches et à l'eau de rose

Cette recette peut vous paraître étrange, mais vous verrez que, une fois testée, elle vous donnera des idées pour les autres viandes ou préparations de riz. Vous pouvez vous procurer de l'eau de rose dans certaines grandes surfaces ou en pharmacie. Ce plat est directement inspiré de la cuisine turque dans laquelle on utilise beaucoup la pistache, la rose et les fruits secs en général. Le sucre y est indispensable.

300 g de riz
2 cubes de bouillon de poulet
3 fines escalopes de poulet
2 gousses d'ail
100 g de pistaches décortiquées
2 cuil. à soupe d'huile d'olive
20 g de beurre
eau de rose
sucre en poudre
sel et poivre

Faites cuire le riz dans l'eau avec les cubes de bouillon.

Découpez les escalopes de poulet en lanières, hachez finement l'ail et concassez grossièrement les pistaches.

Dans une poêle, faites revenir l'ail dans l'huile d'olive, ajoutez le poulet puis, les pistaches 3 min avant la fin de la cuisson.

Lorsque le poulet est cuit, mélangez-le avec le riz et le beurre ; salez et poivrez.

Arrosez avec un peu d'eau de rose et saupoudrez légèrement de sucre.

Vin conseillé

L'eau de rose appelle naturellement un gewurztraminer d'Alsace, qui viendra glisser ses notes exotiques dans la palette aromatique du plat.

Gontran fait sauter les légumes

Pour **4** personnes - Préparation et cuisson : **30 min environ**

Navets aigres-doux aux raisins secs et à la cannelle

Cette recette s'inspire de celle d'un ami qui m'a beaucoup appris : je l'ai découverte lors d'un brunch chez lui. Je la trouve excellente et, pour ma part, elle m'a réconcilié avec ces légumes.

6 beaux navets
1 petit oignon
huile d'olive
3 cuil. à soupe de miel liquide
2 cuil. à soupe de raisins secs
1 grosse cuil. à café de cannelle en poudre
2 cuil. à soupe de vinaigre de vin
sel et poivre

Épluchez les navets puis coupez-les en quatre. Épluchez l'oignon et coupez-le en rondelles.

Dans une casserole, mettez un peu d'huile d'olive, faites légèrement fondre l'oignon et ajoutez les navets ; laissez cuire 10 min en mélangeant de temps en temps.

Ajoutez le miel, les raisins secs et la cannelle puis faites cuire 5 min avec un couvercle.

Versez le vinaigre, salez et poivrez, couvrez de nouveau puis laissez sur le feu de 5 à 10 min. Piquez les navets et, s'ils sont tendres, arrêtez la cuisson et laissez le plat couvert jusqu'au service.

Vin conseillé

Un jurançon sec, aux saveurs exotiques, toujours à l'aise sur les plats alliant le doux et l'acide.

Pour **4** personnes - Préparation : **10 min** - Cuisson : **45 min environ**

Fondue de poireaux

C'est une recette qui accompagne bien le poisson et particulièrement des noix de saint-jacques.

2 à 3 beaux blancs de poireaux par personne
1 oignon
2 gousses d'ail
4 cuil. à soupe d'huile d'olive
10 cl de bouillon de légumes
4 pincées de noix muscade râpée
1 cuil. à soupe de crème fraîche (facultatif)
sel et poivre

Lavez et coupez en tronçons les blancs de poireaux. Hachez l'oignon et les gousses d'ail.

Dans une casserole, faites chauffer l'huile d'olive et faites revenir l'oignon et l'ail. Ajoutez les poireaux et laissez cuire environ 30 min.

Passé ce temps, ajoutez le bouillon de légumes. Assaisonnez avec un peu de sel, de poivre et avec la muscade et prolongez la cuisson de 15 min environ.

Vous pouvez ajouter à cette recette un peu de crème fraîche.

Vin conseillé

Un chardonnay fruité de la côte chalonnaise : rully, givry, mercurey blanc.

Pour **4** personnes - Préparation : **15 min** - Cuisson : **30 min environ**

Topinambours aux herbes fraîches

J'ai mangé des topinambours pour la première fois chez mon ami Bénédict. C'est excellent, ce petit goût entre l'artichaut et le navet ! Cette recette accompagne très bien poissons et viandes blanches.

600 g à 800 g de topinambours
1 gousse d'ail
1 oignon
2 bonnes cuil. d'huile d'olive
10 cl de vin blanc
1 branche de thym
1 feuille de laurier
1 cuil. à soupe de coriandre
1 cuil. à soupe de persil plat
1/2 cuil. à soupe d'estragon haché
sel et poivre du moulin

Épluchez les topinambours et coupez-les en quartiers. Hachez la gousse d'ail et l'oignon.

Dans une grande casserole, faites chauffer l'huile d'olive et faites revenir l'oignon ; ajoutez les topinambours et l'ail.

Versez le vin blanc, mettez le thym et la feuille de laurier, couvrez et laissez cuire à feu doux environ 30 min. Vérifiez la cuisson en piquant les topinambours.

Versez dans un plat et ajoutez les herbes hachées ; mélangez et donnez quelques tours de moulin à poivre. Arrosez d'huile d'olive si vous le souhaitez.

Vin conseillé

Un vin sec de Loire, à base de chenin, pour rechercher des notes de verveine, de tilleul, de citron pour répondre aux herbes fraîches : anjou, vouvray, saumur...

Pour **4** personnes - Préparation : **15 min** - Cuisson : **1 h à 1 h 30**

Aubergines au four, au curry et au miel

C'est une recette qui s'inspire d'aubergines préparées à la marocaine que j'ai mangées chez une amie. J'ai essayé de m'en approcher et le résultat final est plutôt satisfaisant. Vous pouvez les servir aussi bien avec du poisson qu'avec de la viande et les accompagner de riz si vous voulez plus de consistance.

3 à 4 belles aubergines
4 cuil. à soupe de miel
le jus de 1 citron jaune
1 cuil. à café de curry
5 cuil. à soupe d'huile d'olive
2 gousses d'ail
sel et poivre

Préchauffez votre four à 180 °C (th. 6).

Coupez les aubergines en quatre parts, dans la longueur, et placez ces morceaux dans un plat allant au four. Salez, poivrez, ajoutez le miel, le jus de citron, le curry, l'huile d'olive et les gousses d'ail hachées.

Arrosez avec le jus de cuisson pour éviter le dessèchement. Enfournez le plat et, après les dix premières minutes, baissez la température à 150 °C (th. 5).

Laissez cuire jusqu'à ce que les aubergines soient fondantes.

Vins conseillés

Je pencherais plutôt pour un vin rouge assez rond, pas trop acide, avec des notes épicées pour intégrer le curry. Je pense à un vin à base de grenache noir, cépage typique du sud de la vallée du Rhône et de Châteauneuf-du-Pape. Vous pouvez trouver ce type de vin en côtes-du-rhône-villages, à des prix très intéressants.

Pour **4** personnes - Préparation et cuisson : **20 min**

Pois mange-tout et épinards sautés au gingembre

Un petit côté asiatique avec cette recette d'accompagnement qui fonctionne aussi bien avec du poisson que de la viande blanche.

250 g de pois mange-tout
150 g de pousses d'épinard
1 oignon blanc
1 citron
3 cuil. à soupe d'huile de noix
1 cuil. à soupe d'huile de sésame ou d'huile d'olive
15 g de gingembre frais épluché et finement haché, ou râpé (voir recette des filets de perche du Nil au gingembre, p. 40)
2 cuil. à soupe de sauce aux huîtres (ou, à défaut, de sauce de soja)
1 cuil. à café rase de sucre
1 cuil. à soupe rase de graines de sésame (facultatif)
sel et poivre du moulin

Préparez les pois mange-tout : ôtez les extrémités et coupez-les en deux ou en trois pour qu'ils ne soient pas trop longs. Faites-les cuire 2 min dans l'eau bouillante salée. Égouttez et réservez.

Nettoyez les pousses d'épinard si nécessaire. Coupez finement l'oignon. Pressez le citron.

Dans une poêle, faites chauffer les huiles et le gingembre, ajoutez ensuite l'oignon et les pois mange-tout. Faites cuire environ 2 min en remuant pour ne pas faire brûler les oignons ; ajoutez les épinards et les sauces. Versez le jus de citron et le sucre.

Pour terminer, saupoudrez de graines de sésame ; salez et poivrez.

Vins conseillés

Un vin à base de sauvignon, fruité et corsé à la fois : un bordeaux ou un bergerac blanc par exemple.

Pour **4** personnes - Préparation et cuisson : **20 min**

Poêlée d'artichauts aux amandes

L'accord est très intéressant ! Je propose des cœurs d'artichauts surgelés pour vous éviter de passer des heures dans la cuisine... On en trouve de très bons dans les magasins spécialisés. Vous pouvez remplacer les zestes de citron par des zestes d'orange.

12 cœurs d'artichauts (surgelés)
1 belle gousse d'ail
1 citron jaune
1 cuil. à soupe de persil plat ou de coriandre
25 g de beurre
3 cuil. à soupe d'amandes effilées
3 cuil. à soupe d'huile d'olive
sel et poivre

Si vous utilisez des cœurs d'artichauts surgelés, faites-les décongeler.

Épluchez et hachez finement la gousse d'ail. Zestez le citron ; nettoyez et râpez les zestes du citron et réservez-les. Hachez grossièrement les herbes.

Dans une poêle, faites fondre le beurre et faites-y dorer les amandes, mélangez régulièrement sinon elles ont tendance à brûler. Réservez dans un bol.

Coupez les cœurs d'artichauts en cubes ou en six.

Dans cette même poêle, versez l'huile d'olive, faites fondre l'ail et faites revenir les cœurs d'artichauts ; laissez-les dorer un peu et ajoutez les amandes. Salez, poivrez et ajoutez les zestes de citron.

À l'issue de la cuisson, ajoutez les herbes de votre choix.

Vins conseillés

Un vin blanc à base de chardonnay, avec des notes d'amande et de citron qu'on retrouve dans le plat, par exemple un vin du sud de la côte-de-beaune ou de la côte chalonnaise : rully, mercurey, givry.

Pour **4** personnes - Préparation et cuisson : **40 min**

Curry de légumes aux lentilles

Un plat ou un accompagnement idéal pour les végétariens ! Très bonne réchauffée, cette recette se prépare parfaitement à l'avance. Les petits pois et les épis de maïs ne sont pas obligatoires ; si vous n'aimez pas l'un ou l'autre, changez et adaptez votre cuisson. Pensez surtout aux couleurs !

1 gros oignon rouge
250 g de courgettes
250 g d'aubergines
2 cuil. à soupe de feuilles de coriandre
3 cuil. à soupe d'huile d'olive
1 cuil. à soupe de curry moulu
1 cuil. à café de graines de cumin
2 cuil. à soupe de farine
140 g de lait de coco
75 cl de bouillon de légumes
200 g de lentilles corail (magasin bio) ou, à défaut, de lentilles vertes
300 g de petits pois surgelés ou frais
200 g de petits épis de maïs

Épluchez et émincez l'oignon, coupez les courgettes en fines tranches et les aubergines en dés de 1 cm. Hachez la coriandre.

Faites fondre l'oignon avec l'huile d'olive dans une cocotte et ajoutez le curry et le cumin.

Incorporez la farine et prolongez la cuisson sans cesser de remuer et ce jusqu'à ce que le mélange se dessèche.

Hors du feu, versez le lait de coco, le bouillon de légumes, mélangez puis ajoutez les lentilles. Portez à ébullition, baissez le feu et laissez mijoter 8 min sans couvrir. Ajoutez les autres légumes et poursuivez la cuisson à feu doux 10 min, jusqu'à ce que les lentilles soient tendres. Incorporez la coriandre et servez.

Vous pouvez accompagner ce plat de riz blanc.

Vins conseillés

Pour un accord de texture sur les lentilles, on va chercher un vin velouté, à base de merlot, comme un côtes-de-bourg ou un fronsac.

Pour **4** personnes - Préparation et cuisson : **25 min**

Feuilles vertes poêlées

C'est une recette d'inspiration asiatique. En fait, j'accommode toujours les épinards car j'en ai tellement mangé quand j'étais petit que je m'en suis lassé. C'est pourquoi je les cuisine souvent avec de la viande rouge, ou bien encore du porc ou du veau et parfois même du canard à l'orange... Pourquoi ne pas essayer ?

1 botte de blettes
3 poignées de pousses d'épinard
ou 2 poignées de grosses feuilles
2 gousses d'ail
1/2 petit citron confit au sel
2 petites tomates confites
3 cuil. à soupe d'huile d'olive
1 poignée de mâche
1 poignée de roquette
sel et poivre

Lavez les blettes et les épinards si nécessaire. Hachez l'ail, le citron confit et les tomates confites.

Dans une grande casserole d'eau bouillante et salée, plongez 2 min les blettes, sortez-les et égouttez-les. Faites de même pendant 30 sec avec les épinards.

Dans une grande poêle, mettez l'huile d'olive et faites revenir l'ail. Ajoutez les épinards avec le citron et les tomates. Faites cuire 2 min environ. Retirez du feu, ajoutez la mâche et la roquette et assaisonnez à votre convenance.

Vin conseillé

Un vin issu en partie du cépage sauvignon (mélangé à d'autres, éventuellement) dont les notes parfois un peu végétales répondront aux feuilles vertes, avec plutôt des tonalités mûres et solaires, comme on en trouve en Provence, surtout si vous associez cette préparation à une viande blanche et que vous insistez sur la tomate et le citron. Vous pouvez par exemple choisir un coteaux-d'aix-en-provence.

Pour **4** personnes - Préparation : **20 min** - Cuisson : **1 h environ**

Endives braisées à l'orange et au curry

Cette recette accompagne principalement le poisson et spécialement les noix de saint-jacques. Le but de la cuisson-vapeur est que les endives soient complètement fondantes. Si vous ne pouvez pas les cuire ainsi, coupez-les finement et procédez à une cuisson à la poêle, à feu doux. Si vous accompagnez cette recette de poisson assaisonné de curry, n'en ajoutez pas dans les endives.

8 endives
1 belle gousse d'ail
4 brins de persil plat
1 orange
2 cuil. à soupe d'huile d'olive
1/2 cuil. à café de curry
sel et poivre

Faites cuire les endives à la vapeur et laissez-les s'égoutter.

Hachez finement l'ail et le persil plat.

Zestez l'orange, coupez les zestes en morceaux et récupérez 2 cuil. à soupe de jus.

Dans une poêle, faites chauffer l'huile d'olive et faites revenir l'ail. Ajoutez les endives et faites-les griller à feu vif ; quand elles sont bien dorées, ajoutez les zestes d'orange, le jus et le curry.

En fin de cuisson, ajoutez le persil ; salez et poivrez.

Vin conseillé

Un riesling mûr, un peu évolué qui rebondira sur l'amertume des endives.

Gontran s'attaque aux pâtes et au riz

Pour **4** personnes - Préparation et cuisson : **20 à 30 min**

Pâtes à la salade et au jambon cru

Je prépare cette recette avec des mafaldines, des pâtes longues et larges, lisses au milieu et ondulées sur les côtés, ou bien avec des conchiglies rigates, des pâtes en forme de petites coquilles (en grandes surfaces).

350 g de pâtes environ
15 belles feuilles de salade verte
2 à 3 belles tranches de jambon cru (pas trop fines)
2 gousses d'ail
4 beaux morceaux de tomates séchées
2 belles tranches de citron confit au sel
huile d'olive
1 grosse cuil. à soupe de coriandre grossièrement hachée
parmesan
sel et poivre

Mettez à chauffer un grand volume d'eau salée pour la cuisson des pâtes et faites-les cuire selon le temps indiqué.

Coupez les feuilles de salade en deux. Coupez le jambon en lamelles de 1 cm environ.

Hachez l'ail et coupez les tomates séchées en filaments. Hachez le citron confit.

Dans une poêle, mettez un peu d'huile d'olive et faites-la chauffer avec l'ail, ajoutez les feuilles de salade et laissez réduire à feu doux. Ajoutez le jambon, faites cuire entre 5 et 10 min, mettez la coriandre et ajoutez les tomates séchées et le citron confit.

Mélangez cette sauce aux pâtes et ajoutez le parmesan. Arrosez d'un peu d'huile d'olive avant de servir.

Vin conseillé

Un vin rouge fruité, pas trop tannique mais avec une certaine chair et des notes corsées : un côtes-de-provence devrait s'accommoder sans problème de l'ail et des tomates séchées.
Autre possibilité : un vin rosé, pourquoi pas de la même appellation.

Pour **4** personnes - Préparation : **15 min** - Cuisson : **20 min**

Riz au curry et à la crème de coco

Ce riz accompagne à merveille les recettes à base de poulet.

250 g de riz long
1 petit oignon
1 gousse d'ail
1 cuil. à soupe d'huile d'olive
12 cl de crème de coco
10 cl de crème liquide
1 cuil. à café de curry
(en fonction de sa puissance)
1 cuil. à soupe de coriandre hachée
sel

Faites cuire le riz de manière classique, dans de l'eau salée.

Pendant ce temps, préparez la sauce. Hachez l'oignon et la gousse d'ail. Faites revenir dans une casserole avec l'huile d'olive, l'ail et l'oignon ; ajoutez la crème de coco, la crème liquide et le curry. Salez à votre goût.

Réservez cette sauce pour qu'elle reste chaude.

Avant de servir, mélangez la sauce au riz et saupoudrez le tout de coriandre.

Vin conseillé

Un vin moelleux, tokay-pinot gris ou gewurztraminer alsacien selon la puissance des épices.

Pour **4** personnes - Préparation : **10 min** - Cuisson : **25 min environ**

Risotto au safran

Ce risotto est un accompagnement original pour une viande blanche. On peut aussi utiliser cette recette de risotto pour accompagner une viande rouge, mais il faut alors en supprimer le safran.

320 g de riz pour risotto
1 oignon
1 cuil. à soupe d'huile d'olive
+ 1 filet pour servir
35 g de beurre
30 cl de vin blanc
1,5 cube de bouillon de légumes
1 à 2 capsules de safran (0,5 g à 1 g)
70 g de parmesan râpé

Épluchez et hachez l'oignon.

Dans une casserole, mettez l'huile d'olive et l'oignon. Faites-le fondre et ajoutez peu à peu le beurre en petits morceaux. Quand l'oignon est fondu, ajoutez le riz puis faites-le brunir à feu vif en le remuant.

Reconstituez le bouillon de légumes en plongeant le cube dans 70 cl d'eau chaude.

À feu moyen, ajoutez le vin dans le riz. Mélangez bien puis, quand le vin s'évapore, ajoutez petit à petit le bouillon de légumes.

Quand le riz est presque cuit, il est à peine croquant sous la dent ; ajoutez alors le safran puis prolongez la cuisson de 5 min.

Servez aussitôt le risotto mélangé avec le parmesan et un filet d'huile d'olive.

Vin conseillé

Un vin blanc à dominante semillon de la région de Bordeaux, élevé sous bois pour rappeler le safran : un pessac-léognan ou un graves blanc.

Pour **4** personnes - Préparation et cuisson : **45 min**

Risotto de fruits de mer aux filets de haddock

Le risotto est un plat qui s'accommode de toutes les garnitures ; celui-ci est vraiment délicieux, surtout servi avec du haddock.

320 g de riz pour risotto
1 oignon
3 belles branches d'estragon
10 cuil. à café de fumet de poisson en poudre
30 cl de vin blanc
100 g de cocktail de fruits de mer précuits et surgelés
1 cuil. à soupe d'huile d'olive
35 g de beurre
50 à 75 cl de lait (en fonction de la taille des filets de haddock)
2 beaux filets de haddock

Épluchez et hachez l'oignon. Hachez l'estragon puis réservez-le. Mélangez 3 cuil. à café de fumet de poisson en poudre dans le vin blanc, et le reste de fumet dans 70 cl d'eau.

Faites décongeler les fruits de mer au micro-ondes ou dans une petite casserole, à feu très doux. Dans les deux cas, égouttez-les ensuite.

Dans une casserole, mettez l'huile d'olive et l'oignon. Faites fondre ce dernier et ajoutez au fur et à mesure le beurre en petits morceaux. Quand l'oignon est fondu, ajoutez le riz puis faites blondir, à feu vif, en remuant bien. Baissez la source de chaleur en passant sur feu moyen et ajoutez dans le riz le vin préparé. Mélangez et, quand le vin s'évapore, ajoutez petit à petit le fumet de poisson reconstitué. Quand le riz est presque cuit, il est à peine croquant sous la dent, ajoutez alors les fruits de mer. Poursuivez la cuisson 5 min et ajoutez l'estragon. Réservez le risotto couvert.

Dans une grande casserole, versez le lait, faites-le chauffer et placez-y les filets de haddock coupés en deux dans la largeur pour faire quatre parts. Faites cuire 7 min de chaque côté sans faire bouillir. Servez aussitôt le risotto accompagné du haddock.

Vin conseillé

Un champagne, si possible un blanc de blancs.

Pour **4** personnes - Préparation : **15 min** - Cuisson : **15 min**

Spaghettis aux olives, fromage de chèvre et romarin

Voici une recette qui se suffit à elle-même ! Je propose ici du fromage de chèvre mais vous pouvez lui préférer de la feta, et remplacer alors le romarin par du basilic ou de la coriandre, ou encore du tofu avec un peu de coriandre et de sauce soja.

350 g de spaghettis
15 olives vertes et 5 olives noires
150 g de fromage de chèvre
10 épines de romarin
ou 10 tiges de ciboulette
3 cuil. à soupe d'huile d'olive
1 gousse d'ail
12 tranches de coppa
sel et poivre du moulin

Faites cuire les pâtes dans un grand volume d'eau salée selon le temps indiqué sur le paquet.

Dans un saladier, préparez le fromage de chèvre coupé en petits morceaux et les olives grossièrement hachées. Mélangez avec les herbes hachées, l'huile d'olive et la gousse d'ail très finement hachée.

Faites cuire les tranches de coppa dans un poêle sèche puis réservez-les.

Égouttez les pâtes et mélangez le tout dans le saladier. Salez et poivrez.

Ajoutez la coppa et servez. Vous pouvez toujours ajouter du parmesan si vous aimez.

Vin conseillé

Un vin blanc sudiste corsé côtes-de-provence ou coteaux-du-languedoc, cherchez plutôt une dominante roussanne. Un rouge sudiste des mêmes appellations, aux notes de garrigue, pourrait faire l'affaire mais il risque d'écraser les arômes du chèvre.

Pour **4** personnes - Préparation et cuisson : **35 min**

Nouilles sautées végétariennes

Un plat rapide à préparer et fort en saveurs. Je remplace parfois les pousses d'épinard par de la roquette : j'aime son piquant et son amertume. Les nouilles fraîches sont difficiles à trouver, cependant on en trouve des sèches en grandes et moyennes surfaces ; fiez-vous alors aux conseils de cuisson indiqués sur le paquet. Pour plus de facilité, conservez le gingembre épluché au congélateur : il sera plus facile à râper.

350 à 400 g de nouilles fraîches ou sèches
350 g de tofu
3 cuil. à soupe d'huile d'arachide
1 petit oignon blanc
20 g de gingembre frais
1 citron vert
1 cuil. à soupe d'huile de sésame
1 petite cuil. à café de curcuma
1 cuil. à café de Maïzena
(ou, à défaut, de farine)
3 cuil. à soupe de sauce de soja
300 g de germes de soja
50 g de pousses d'épinard

Mettez les nouilles dans un récipient et versez de l'eau bouillante dessus ; attendez 1 min avant d'égoutter. Coupez le tofu en dés de 1 cm environ.

Dans un wok, faites chauffer l'huile d'arachide et faites dorer les dés de tofu, puis égouttez-les sur du papier absorbant.

Épluchez l'oignon, coupez-le en deux puis en fines tranches, épluchez et râpez le gingembre, pressez le citron vert et réservez 3 cuil. à soupe de jus.

Dans le même wok que précédemment, versez l'huile de sésame et faites chauffer le curcuma, le gingembre et l'oignon.

À part, délayez la Maïzena dans la sauce de soja.

Lorsque l'oignon commence à fondre, ajoutez le tofu, les nouilles, la sauce de soja et la Maïzena, le jus de citron et les germes de soja. Portez à ébullition jusqu'à épaississement de la sauce. Incorporez les pousses d'épinard et servez aussitôt.

Vin conseillé

Pour jouer sur les notes exotiques du plat (gingembre, citron vert), on s'orientera vers un jurançon sec, vin du Sud-Ouest à base du cépage petit manseng, aux arômes caractéristiques de fruit exotique. On choisira un vin sur le fruit, comme la cuvée chant des vignes du domaine Cauhapé.

Pour **4** personnes - Préparation et cuisson : **25 min environ**

Spaghettis aux sardines, pignons et raisins secs

J'ai appris cette recette grâce à un ami, Bénédict, qui m'a un peu initié à la cuisine ! Je l'ai légèrement modifiée car j'aime beaucoup le citron confit au sel que j'ai ajouté, entre autres. Pour le parmesan, les connaisseurs diront que j'ai commis une erreur mais j'aime tellement ça que, à la maison, j'en mets partout ! Mais il est vrai qu'habituellement, on n'en met pas avec le poisson...

350 g de spaghettis complets ou classiques
100 à 150 g de sardines à l'huile
2 cuil. à soupe de pignons
1 gousse d'ail
3 cuil. à soupe d'huile d'olive
1 cuil. à soupe de raisins secs (blonds si possible)
1 cuil. à soupe de citron confit au sel
jus de citron
coriandre hachée
parmesan (facultatif)
sel, poivre

Mettez à chauffer une grande casserole d'eau salée pour la cuisson des pâtes et faites-les cuire selon le temps indiqué sur le paquet.

Égouttez les sardines et retirez-en l'arrête centrale.

Faites griller les pignons dans une poêle et réservez-les.

Dans cette même poêle, faites revenir l'ail haché avec l'huile d'olive, ajoutez les sardines puis les raisins secs et, après quelques minutes, le citron confit. Faites cuire l'ensemble 5 min. Salez et poivrez.

Mélangez cette garniture aux pâtes et ajoutez finalement le jus de citron et la coriandre.

Servez en proposant du parmesan râpé.

Vins conseillés

Anchois, sardines, même combat ! Je choisirais pour ce plat un rosé du Roussillon, pourquoi pas un collioure, dont les anchois sont fameux. Vous pouvez aussi, dans la même appellation, tenter un vin blanc à base de grenache gris. Le domaine Vial Magnères produit d'excellents collioure, dans les trois couleurs.

Contenance
125 ml

DAYS

Pour **4** personnes - Préparation et cuisson : **25 min environ**

Pennes au thon

À partir de cette recette, vous pouvez ajouter deux belles tomates coupées en morceaux et une belle gousse d'ail hachée. Cependant, il faudra faire le mélange dans une poêle en faisant fondre au préalable les tomates avec l'ail et de l'huile d'olive. Faites cuire tous les ingrédients à feu doux pendant 20 min et mélangez-les ensuite aux pâtes.

350 à 400 g de pennes rigattes
250 g de thon blanc à l'huile
8 filets d'anchois
1 cuil. à soupe de câpres
3 belles tranches de citron confit au sel
le jus de 1/2 citron jaune
quelques feuilles de coriandre
huile d'olive
parmesan (facultatif)
sel et poivre du moulin

Faites chauffer une grande casserole d'eau salée pour les pâtes et faites-les cuire selon le temps indiqué sur le paquet.

Dans un saladier, mélangez le thon blanc sans son huile, les anchois coupés en trois, les câpres, le citron confit haché, le jus de citron et la coriandre.

Salez et poivrez.

Égouttez les pâtes, mélangez le tout et arrosez généreusement d'huile d'olive avant de servir. Proposez ce plat avec du parmesan.

Vin conseillé

Un côtes-de-provence blanc ou un vin de l'appellation voisine de Cassis, qui présenteront un bon compromis entre une nécessaire puissance, sur des notes de fenouil et de garrigue, et une vivacité rafraîchissante.

Pour **4** personnes - Préparation et cuisson : **30 min**

Pâtes, courgettes et anchois

Cette recette m'a été donnée par Bénédict, un ami. Elle est tellement simple et délicieuse que vous n'en reviendrez pas !

350 ou 400 g de spaghettis
1 courgette
1 belle gousse d'ail
huile d'olive
1 cuil. à soupe de pâte d'anchois (anchoïade)
sel et poivre

Faites chauffer une grande casserole d'eau salée pour les pâtes et faites-les cuire selon le temps indiqué sur le paquet.

Coupez la courgette en fines rondelles. Hachez l'ail.

Dans une poêle, mettez un peu d'huile d'olive puis faites-y dorer les courgettes avec l'ail. Quand elles commencent à être tendres, ajoutez la pâte d'anchois ; salez et poivrez.

Égouttez les pâtes et mélangez-les à cette garniture.

Vin conseillé

Pour moi, la pâte d'anchois appelle un vin rosé aux saveurs sudistes : côtes-du-roussillon ou de provence, coteaux-du-languedoc.

Pour **4** personnes - Préparation et cuisson : **30 min environ**

Farfalles aux champignons et au cerfeuil

Un grand classique que je n'oublie jamais de faire à la période des champignons ! Ce plat se suffit à lui-même mais, si vous êtes bon mangeur, je vous conseille de l'accompagner avec un carré de veau cuit au four ; le boucher vous en indiquera le temps de cuisson. Vous pouvez remplacer l'huile d'olive par de l'huile de noix.

300 g de farfalles
120 g de champignons frais
1 belle gousse d'ail
2 cuil. à soupe de cerfeuil haché
2 cuil. à soupe d'huile d'olive
sel et poivre du moulin

Mettez une grande casserole d'eau salée à chauffer pour les pâtes.

Nettoyez les champignons, ôtez la base des pieds et coupez-les en deux. Hachez la gousse d'ail et le cerfeuil.

Dans une poêle, mettez l'huile d'olive et faites revenir les champignons avec l'ail.

Pendant ce temps, faites cuire les pâtes selon le temps indiqué sur le paquet.

En fin de cuisson des champignons, ajoutez le cerfeuil, salez et poivrez.

Dans un grand plat, mettez les pâtes et versez la garniture dessus.

Vin conseillé

Un vin blanc à base de chardonnay, très mûr et sans marques d'élevage trop prononcées, par exemple un mâcon, un pouilly-fuissé ou un saint-véran.

Pour **4** personnes - Préparation : **20 min environ** - Cuisson : **15 min environ**

Pennes aux asperges vertes

C'est une recette de ma petite amie qui adore les pâtes. Nous faisons comme pour les noix de saint-jacques : afin de ne pas nous lasser, nous varions les accompagnements. Vous pouvez servir ces pâtes avec un carré de veau.

450 g de pennes rigattes
12 asperges vertes fraîches ou congelées
2 cuil. à soupe d'huile d'olive
30 g de beurre
1,5 citron
2 tranches épaisses de jambon de pays coupées en dés
1 cuil. à soupe de pignons
30 g de parmesan râpé
sel et poivre du moulin

Faites cuire 2 min les asperges dans une casserole d'eau bouillante salée ; égouttez-les et coupez-les en quatre.

Faites dorer les asperges à feu vif dans une poêle avec 1 cuil. d'huile d'olive, incorporez le beurre et tournez régulièrement pendant 10 min.

Zestez le citron et la moitié d'un second citron et râpez les zestes.

Réduisez la puissance du feu et ajoutez les zestes, le jambon et les pignons. Laissez cuire 10 min.

Mélangez cette garniture aux pâtes cuites et ajoutez 1 cuil. à soupe d'huile d'olive, le parmesan râpé et donnez quelques tours de moulin à poivre.

Vin conseillé

Sauvignon de la région de Sancerre ou muscat sec d'Alsace ou du Roussillon.

Gontran prépare la salade et les en-cas

Pour **4** personnes - Préparation et cuisson : **30 min**

Salade de petits pois à la menthe et aux oignons blancs

C'est une de mes recettes de salade préférée. Je propose d'utiliser des petits pois surgelés car ils sont faciles à utiliser tout en ayant une qualité très proche de celle des petits pois frais. En saison, et si vous avez le temps bien sûr, privilégiez cependant les petits pois frais.

400 g de petits pois congelés
1 oignon blanc
1 gousse d'ail moyenne
20 feuilles de menthe
6 cuil. à soupe d'huile d'olive
1 cuil. à soupe de vinaigre balsamique
1 cuil. à soupe de jus de citron
70 g de parmesan râpé
fleur de sel (à défaut, du sel)
poivre du moulin

Dans une casserole d'eau non salée (le sel durcirait les petits pois), faites cuire les petits pois, égouttez-les et réservez-les.

Épluchez l'oignon, coupez-le en deux puis en fines tranches. Hachez la gousse d'ail et coupez très finement les feuilles de menthe.

Dans un bol, mettez la menthe, l'ail, l'huile d'olive, le vinaigre, le jus de citron et mélangez.

Salez et poivrez à votre goût.

Dans un saladier, mettez les petits pois, l'oignon, la sauce et saupoudrez de parmesan.

Mélangez et servez avec des tranches de pain grillées ou de bressaola.

Vin conseillé

Un vin à base de muscat, vinifié en vin sec, dont le fruit lui permettra d'intégrer les notes végétales (menthe, oignon, pois). On trouve ce type de vin en Alsace mais aussi en vin de pays dans le Languedoc ou le Roussillon, comme par exemple la cuvée Canon du Maréchal en vin de pays du Roussillon produite par le domaine Cazes.

Pour **4** personnes - Préparation et cuisson : **20 à 50 min**

Salade d'agneau et de roquette aux copeaux de parmesan et aux tomates-cerises

C'est une salade que j'ai beaucoup mangée en Roumanie. Il n'est pas nécessaire d'aller là-bas pour la déguster, me direz-vous, mais on ne choisit pas. En tout cas, j'ai vraiment aimé !

restes froids de gigot ou de côtes,
suffisamment pour 4 personnes
ou 1 carré d'agneau pour 3 personnes
2 barquettes de roquette ou de mâche
4 cuil. à soupe d'huile d'olive
1 cuil. à soupe de vinaigre balsamique
1 cuil. à soupe de coriandre hachée
1 échalote
20 tomates-cerises
1 morceau de parmesan
(parmeggiano reggiano de préférence)
fleur de sel et poivre du moulin
(mélange 5 baies de Ducros)

S'il vous reste de la viande froide, coupez-la en morceaux pas trop gros. Sinon, faites cuire le carré d'agneau. Coupez-le en fines tranches, puis réservez-les.

Nettoyez la roquette ou la mâche et préparez la sauce : dans un saladier, mettez l'huile d'olive, le vinaigre balsamique, la coriandre, l'échalote finement tranchée, 4 pincées de fleur de sel et du poivre du moulin, ajoutez la salade et tournez-la pour bien répartir la sauce.

Dans les assiettes, répartissez la roquette, coupez 5 tomates-cerises par personne et mettez-les sur la salade.

À l'aide d'un économe, faites des copeaux sur la partie la moins large du parmesan (l'idéal est d'avoir une tranche de forme triangulaire d'une épaisseur de 1 cm).

Disposez sur la salade les copeaux et les tranches de viande, saupoudrez le tout d'une pincée de fleur de sel et d'un tour de moulin à poivre sur chaque assiette.

Vin conseillé

La vinaigrette est souvent un problème pour les vins rouges qui supportent mal une acidité trop marquée. Heureusement, le vinaigre balsamique constitue un assaisonnement moins agressif. Dans ces conditions, je conseillerais un vin rouge à base de cabernet-sauvignon, cépage roi du médoc, pour son affinité avec la viande d'agneau : un médoc ou un bordeaux avec une forte proportion de ce cépage.

Pour **4** personnes - Préparation : **30 min**

Salade de pois chiches aux lardons et à la tomate

Les lardons font tout le goût de cette salade ; vous pouvez, si vous voulez, les remplacer par du jambon cru coupé en lanières et poêlé.

1 cuil. à soupe de coriandre
1 gousse d'ail
300 g de pois chiches en boîte
1 tomate
40 g de dés de lardons
sauce au citron (voir recette p. 152)

Hachez la coriandre et la gousse d'ail ; égouttez les pois chiches et, après avoir épépiné la tomate, coupez-la en petit morceaux.

Faites revenir, dans une poêle sèche et chaude, les lardons et réservez-les.

Dans un saladier, mettez les pois chiches, les lardons, la tomate, l'ail et la coriandre.

Assaisonnez avec de la sauce au citron.

Vin conseillé

Un vin rosé corsé du sud de la France : languedoc ou roussillon.

Salade de courgettes aux herbes fraîches et à la feta

Le principe de cette recette, c'est un peu la cuisson à l'acide : le jus de citron va attendrir les courgettes, à condition que les tranches soient aussi fines que possible. Pour cela, coupez-les soit à la mandoline, soit au robot.

3 courgettes
1 gousse d'ail
4 cuil. à soupe d'huile d'olive
2 cuil. à soupe de jus de citron
3 tiges de ciboulette
1/2 cuil. à soupe de coriandre
4 pincées de fleur de sel
poivre du moulin

Coupez les courgettes en très fines tranches. Hachez la gousse d'ail.

Mettez les courgettes dans un saladier, ajoutez l'huile, le jus de citron, l'ail, le sel et quelques tours de moulin à poivre.

Mélangez et réservez 1 h au frais.

Goûtez et ajustez l'assaisonnement si nécessaire. Hachez les herbes. Ajoutez-les sur les courgettes puis servez.

Vin conseillé

Un riesling d'Alsace assez vif.

Pour **4** personnes - Préparation : **10 min** - Cuisson : **10 min**

Fromages de chèvre rôtis aux tomates et pain grillé à l'ail

C'est assez simple comme recette, mais on n'y pense pas toujours ! Si vous n'avez pas de pain de campagne sous la main, ce n'est pas grave, vous pouvez réaliser cette recette avec de la baguette de tradition, c'est encore mieux. Sachez que ceci peut vous servir pour d'autres préparations à base de jambon fumé, de fromages variés...

4 petits fromages de chèvre moelleux
4 grandes tranches de pain de campagne de 1,5 cm d'épaisseur environ
2 belles gousses d'ail
2 tomates
huile d'olive
coriandre ou citron
sel et poivre

Mettez le four sur position gril et commencez par faire légèrement griller les tranches de pain.

Épluchez les gousses d'ail et râpez-les sur les tranches grillées. Disposez celles-ci sur la plaque du four.

Coupez les tomates en rondelles, partagez-les sur les quatre tranches et mettez ensuite un fromage de chèvre coupé en deux sur chacune. Ajoutez un filet d'huile d'olive, salez, poivrez et faites griller les tartines environ 10 min au four.

Avant de servir, mettez quelques feuilles de coriandre ou râpez un tout petit peu d'écorce de citron et dégustez très chaud.

Vin conseillé

On sert souvent du sauvignon sur les chèvres mais, pour cette recette, il risquerait d'être bousculé par la tomate et l'ail. Dans ce cas précis, je choisirais plutôt un vin rouge, pas trop tannique mais avec une pointe d'amertume pour rehausser la saveur du chèvre, par exemple un vin à base de cabernet franc de Loire comme le chinon cuvée Baronnie Madeleine du domaine Couly-Dutheil.

Pour **4** personnes - Préparation : **15 min environ** - Cuisson : **30 min**

Salade de carottes au cumin

C'est une recette d'inspiration marocaine mais que j'ai dégustée pour la première fois lors d'un brunch chez un ami. Il nous fait découvrir, à chaque invitation, des recettes originales auxquelles il apporte une petite touche personnelle. Vous pouvez consommer cette recette froide, en salade, ou chaude, en accompagnement d'une viande blanche.

4 belles carottes
1/2 orange
1 belle gousse d'ail
3 cuil. à soupe d'huile d'olive
+ 1 filet pour servir
2 cuil. à soupe de vinaigre de Xérès
1/2 cuil. à café de cannelle en poudre
1 cuil. à café de cumin en poudre
1/2 cuil. à soupe de coriandre hachée

Coupez les carottes en très fines tranches, si possible à la mandoline ou au robot. Zestez l'orange. Hachez grossièrement la gousse d'ail.

Dans une cocotte, mettez l'huile et l'ail, faites chauffer et ajoutez les carottes. Faites cuire à couvert jusqu'à ce que les carottes soient légèrement croquantes : si elles sont fines, cela demande environ 30 min. 5 min avant la fin de la cuisson, ajoutez le vinaigre, les zestes d'orange et les épices ; faites cuire sans couvercle.

Débarrassez les carottes et laissez-les refroidir.

Au moment de servir, ajoutez un filet d'huile d'olive et la coriandre.

Vin conseillé

Un vin rosé corsé du sud de la France : languedoc ou roussillon.

Pour **4** personnes - Préparation : **30 min**

Salade de haddock aux feuilles de roquette et de mâche

Je me suis inspiré d'une recette de Michel Troisgros, un chef que j'apprécie beaucoup. Pour ma part, je ne mets que de la roquette quand je la réalise car j'aime l'amertume qu'elle apporte. Vous pouvez servir cette recette en plat mais il faudra alors augmenter la quantité de haddock et l'accompagner de pommes de terre.

200 à 250 g de mélange de salade (roquette et mâche)
4 œufs
25 cl de lait
200 g de haddock
1 cuil. à soupe de moutarde à l'ancienne
2 cuil. à soupe d'huile d'olive
1 cuil. à soupe de crème liquide allégée
1 cuil. à soupe de jus de citron vert
fleur de sel et poivre du moulin

Faites durcir les œufs 10 min dans l'eau frémissante. Rafraîchissez-les sous l'eau froide et écalez-les.

Faites chauffer le lait, mettez-y à cuire le haddock 7 min de chaque coté.

Dans un bol, préparez la sauce avec la moutarde, l'huile, la crème et le jus de citron.

Dans quatre assiettes, disposez de la salade, assaisonnez-la avec la sauce, mettez ensuite un œuf en tranches et quelques morceaux de haddock un peu dispersés dans chacune. Salez et donnez trois tours de moulin à poivre avant de servir.

Vin conseillé

Pour jouer sur les notes fumées, crémées et citronnées du plat, on peut s'orienter vers un vin de Savoie à base de roussette, comme ceux produits par le domaine Dupasquier.
Autre possibilité : un muscadet, élevé sur lie.

Pour **4** personnes - Préparation : **20 min** - Cuisson : **10 min**

Mon croque

Je sais ce que vous allez dire : pas besoin de recette pour préparer un croque-monsieur ! Voilà quelques suggestions et évidemment des astuces pour réussir à coup sûr votre croque !

50 g de beurre
50 g de farine
50 cl de lait
1/2 cuil. à café de piment d'Espelette en poudre ou de paprika ou de curry
2 œufs
250 g de crème liquide allégée
16 tranches de pain de mie classique ou complet
6 à 8 tranches de jambon de pays en fonction de sa taille, ou de jambon blanc
gruyère râpé
sel

Préparez la béchamel : dans une casserole, faites fondre le beurre, ajoutez la farine, fouettez et ajoutez le lait, faites bouillir et épaissir tout en fouettant. Ajoutez le piment ou le curry ou bien le paprika (ou autres en fonction de votre goût) : le piment s'accorde mieux avec le jambon de pays et le curry avec du jambon blanc ou des tranches fines de blanc de poulet. Salez et réservez.

Dans un bol, battez les œufs entiers avec la crème liquide. Trempez rapidement les tranches de pain de mie dans cette préparation.

Montez aussitôt vos croque-monsieur : sur une tranche imbibée, étalez un peu de sauce béchamel, ajoutez le jambon en ajustant sa taille, mettez de nouveau un peu de béchamel et recouvrez de gruyère râpé, disposez ensuite la dernière tranche légèrement imbibée. Réservez et préchauffez le four sur gril.

Quand le four est chaud, faites griller légèrement les croque-monsieur. La durée de cette opération varie en fonction de la puissance de votre four, surveillez-les bien : ils doivent être blonds.

Variez les assaisonnements en fonction de votre goût. Servez ces croque-monsieur avec une salade.

Vin conseillé

Pour un apéritif gourmand choisissez un vin du Jura, mais avec une dominante de chardonnay, comme les chardonnays de la maison Rolet.

Pour **4** personnes - Préparation et cuisson : **30 à 40 min**

Salade chaude de thon

J'aime beaucoup le thon, je le décline de plusieurs façons, comme vous l'avez sûrement vu. Cette salade se consomme chaude mais on peut la préparer à l'avance pour un pique-nique. Le thon blanc est le meilleur que l'on trouve en boîte, c'est pour cela que je le conseille. Si vous avez du temps, rien ne vous empêche de cuire deux belles tranches de thon frais et de les concasser grossièrement ensuite : la recette n'en sera que meilleure !

2 boîtes de thon à l'huile
(thon blanc de préférence)
6 belles pommes de terre
1/2 botte de coriandre ou de persil plat
1 cuil. à soupe d'olives vertes dénoyautées
3 oignons nouveaux ou 1 petit oignon blanc
2 cuil. à soupe de câpres
le jus de 1/2 citron
huile d'olive
sel et poivre du moulin

Faites cuire les pommes de terre entières. Lorsqu'elles sont cuites, épluchez-les et coupez-les en tranches.

Hachez les herbes et coupez les olives en rondelles ; coupez les oignons en deux puis en tranches.

Dans un saladier, mettez les pommes de terre, le thon sans son huile, les câpres, le jus de citron, la coriandre ou le persil, les oignons et les olives.

Arrosez d'huile d'olive, salez et poivrez.

Vins conseillés

Avec le thon et les olives, vous pouvez servir un vin rosé, aux saveurs sudistes : côtes-du-roussillon ou de provence, coteaux-du-languedoc. Vous pouvez aussi essayer un vin blanc sudiste avec du gras : un côtes-du-rhône blanc par exemple.

Gontran s'occupe de l'apéro

Pour **4** personnes - Préparation : **20 min**

Tzatziki

J'espère que cette recette vous conviendra, il y a tellement de manières différentes de couper le concombre... Pendant mon séjour en Grèce, je mangeais du tzatziki tous les jours. Je vous propose évidemment la méthode que je préfère mais, comme je vous l'indique, il est possible de râper le concombre. À vous d'essayer et de choisir !

1/2 concombre
12 tiges de ciboulette
1 petite gousse d'ail
300 g de fromage blanc à 20 ou 40 % M.G.
2 cuil. à soupe d'huile d'olive
sel

Épluchez le concombre, coupez-le en deux dans la longueur puis avec une petite cuillère, enlevez la chair et les pépins. Coupez-le en fines tranches et mettez-les dans un égouttoir, saupoudrez de sel fin et laissez dégorger.

Pour un tzatziki plus fin, vous pouvez râper le concombre après en avoir enlevé les pépins. Mettez alors le concombre râpé dans un égouttoir fin pour en ôter le jus.

Hachez la ciboulette. Hachez la gousse d'ail après en avoir ôté le germe : pour ce faire, coupez la gousse en deux et enlevez le cœur, la partie verte.

Dans un saladier, mélangez l'ail avec le concombre et la ciboulette, ajoutez le fromage blanc et l'huile d'olive et mélangez de nouveau.

Salez selon votre goût.

Vins conseillés

Les tapas présentent un éventail de saveurs à la fois très différentes et qui ont pour point commun d'être très prononcées, voire fortes pour certaines. Sur la base de ce constat, il est difficile de définir un profil de vin type. Dans tous les cas, le vin retenu devra avoir de la carrure et être haut en couleur et en saveur, mais être aussi un vin simple, qui sache s'effacer devant la convivialité et la simplicité du moment. Personnellement je choisirais un vin rouge un peu corsé, en jouant sur la proximité géographique : vins du sud-ouest : irouléguy, madiran, gaillac ou du Roussillon.

Pour **4** personnes - Préparation : **30 min**

Tomates-cerises, feta et basilic

Cette recette est dans le même esprit que la recette des raisins noirs au fromage de chèvre et aux pistaches (voir p. 142) et est un dérivé de la salade tomate-mozzarella. Le problème de la mozza, c'est qu'elle ne peut être travaillée comme le fromage de chèvre par exemple. La feta est donc idéale pour cette préparation. Si vous avez des difficultés pour lisser le fromage, vous pouvez le passer au robot et l'assaisonner ensuite.

20 petites tomates-cerises
200 g de feta
1 cuil. à soupe d'huile d'olive
5 belles feuilles de basilic
poivre

Dans un saladier, à la fourchette puis à la cuillère en bois, travaillez le fromage avec l'huile d'olive, les feuilles de basilic hachées et un peu de poivre. Mélangez bien pour obtenir une pâte homogène.

Enrobez les tomates-cerises avec ce fromage, puis réservez-les au frais.

Au moment de servir, coupez les tomates en deux.

Pour **4** personnes - Préparation : **10 min** - Cuisson : **30 à 45 min**

Poivrons confits

Une recette que j'aime beaucoup, même si l'on se brûle les doigts ! Quand vous y goûterez, vous n'aurez qu'une envie : recommencer ! Vous pouvez préparer les poivrons à l'avance et les conserver au réfrigérateur bien à plat dans une boîte hermétique.

3 beaux poivrons rouges
2 gousses d'ail
4 grosses cuil. à soupe d'huile d'olive
le jus de 1/2 citron jaune
sel et poivre

Préchauffez votre four à 210 °C (th. 7). Sur la plaque du four recouverte d'une feuille d'aluminium, placez les poivrons et les gousses d'ail.

Enfournez la plaque et tournez régulièrement les poivrons pour que la peau se décolle.

À la sortie du four, laissez refroidir 5 min et épluchez les poivrons, ôtez-en les pépins et coupez-les en bandes larges. Placez-les sur un plat. Récupérez la chair des gousses d'ail en appuyant sur l'enveloppe.

Dans un bol, préparez la sauce : versez l'huile d'olive, le jus de citron, la chair des gousses d'ail, du sel et du poivre. Mélangez et versez sur les poivrons.

Laissez reposer avant de servir.

Avocats pimentés

Cette recette est à servir dans des petits verres ou dans des cuillères en porcelaine. Vous pouvez ajouter des dés de tomate pour rafraîchir.

2 avocats bien mûrs
le jus de 1/2 citron vert
piment d'Espelette en poudre
ou, à défaut, poivre du moulin
huile d'olive
coriandre ou persil plat
sel

Épluchez les avocats, coupez-les en deux puis coupez chaque moitié en deux ; de cette manière, vous ôterez facilement la peau. Coupez les quartiers obtenus en deux puis en morceaux d'environ 0,5 cm.

Mettez ces morceaux dans un bol et aspergez-les de jus de citron.

Assaisonnez à votre goût avec du piment, de l'huile d'olive, des herbes grossièrement hachées et du sel.

Pour **4** personnes - Préparation : **30 min**

Raisins noirs au fromage de chèvre et aux pistaches

C'est assez courant de les trouver sur les buffets mais on n'en fait presque jamais chez soi. Je vous propose de les couper en deux mais vous pouvez laisser les grains entiers pour créer un effet de surprise !

20 gros grains de raisin noir
1 barquette de fromage de chèvre frais
1 cuil. à soupe d'huile d'olive
120 g de pistaches décortiquées
poivre

Dans un saladier, travaillez le fromage de chèvre avec l'huile d'olive et du poivre.

Passez les pistaches au robot pour obtenir une poudre très grossière.

Prenez dans votre main un peu de fromage et roulez-y les grains de raisin : vous devez enfermer le raisin dans le fromage.

Disposez les grains au fromage sur une assiette et placez-la au réfrigérateur jusqu'à ce que le tout soit bien froid.

Roulez-les ensuite dans la poudre de pistache.

Avant de servir les grains de raisin, coupez-les en deux.

Pour **4** personnes - Préparation et cuisson : **45 min**

Caviar d'aubergine au cumin

Grand classique, servez ce caviar d'aubergine avec des pitas légèrement grillées et coupées en six ou huit parts.

2 aubergines
2 petites gousses d'ail
1 cuil. à café rase de cumin en poudre
2 cuil. à soupe de jus de citron
1 cuil. à soupe de tahin (crème de sésame, au rayon produits du monde)
2 cuil. à soupe d'huile d'olive
sel et poivre

Préchauffez votre four sur position gril, ou à 240 °C (th. 8).

Sur la plaque du four couverte d'aluminium, disposez les aubergines et les gousses d'ail. Tournez régulièrement les aubergines jusqu'à ce qu'elles soient très souples sous le doigt.

Retirez-les du four, enlevez la peau, hachez finement la chair à l'aide d'un gros couteau puis mettez-la dans un saladier. Récupérez la chair des gousses d'ail en appuyant sur l'enveloppe et mélangez-la avec la chair des aubergines.

Assaisonnez avec le cumin, le jus de citron, le tahin et l'huile d'olive. Salez et poivrez.

Pour **4** personnes - Préparation : **20 min**

Tapenade

Je sais, vous me direz : pourquoi la faire soi-même ? La tapenade se trouve partout ! Ce que je peux vous dire, c'est que c'est un vrai voyage que de la préparer avec tous ces parfums qui embaument la cuisine, vous verrez, c'est un vrai plaisir ! Et pour voyager à nouveau, réalisez cette recette avec des olives vertes.

80 g de filets d'anchois
3 gousses d'ail
350 g d'olives noires dénoyautées
100 g de thon émietté
100 g de câpres
le jus de 1 citron jaune et de 1 citron vert
25 cl d'huile d'olive

Passez au mixeur tous les ingrédients, sauf l'huile d'olive et le jus de citron, en ayant pris soin d'égoutter le thon et de hacher l'ail au préalable.

À la fin, lorsque vous obtenez une pâte fine, ajoutez l'huile d'olive et le jus de citron petit à petit en donnant des petits coups de mixeur.

Pour **4** personnes - Préparation et cuisson : **20 min**

Effilés de poulet au miel et au sésame

Très faciles à préparer, les effilés de poulet présentent bien dans un assortiment de tapas. Il faut que les morceaux soient bien dorés dans le miel. Vous pouvez en garder une partie au frais et les caraméliser au fur et à mesure de la soirée, ceci vous évitera de laisser le poulet sécher sur les piques.

2 belles escalopes de poulet
huile d'olive
3 cuil. à soupe de miel
1 à 2 cuil. à soupe de graines de sésame
sel et poivre

Coupez les escalopes en deux puis dans la longueur, dans le sens de la fibre, de manière à obtenir des bandes de 0,5 cm de largeur environ.

Dans la poêle, faites chauffer un peu d'huile et faites-y dorer le poulet.

En fin de cuisson, arrosez avec le miel, mélangez bien et ajoutez les graines de sésame. Salez et poivrez légèrement.

Pour servir, piquez les morceaux de poulet avec des cure-dents.

Secrets pour l'assaisonnemment et idées d'accompagnement

Pour **4** personnes - Préparation : **10 min**

Sauce au citron

Pour changer un peu de la vinaigrette classique, on remplace le vinaigre par du jus de citron. En fonction des ingrédients de votre salade, vous pouvez aussi faire moitié jus de citron, moitié jus d'orange.

2 cuil. à soupe de jus de citron
4 cuil. à soupe d'huile d'olive
1 petite cuil. à café de sel
1 petite cuil. à café de poivre moulu

Dans un bol, mélangez tous les ingrédients.

Réservez au frais.

Pour **4** personnes - Préparation : **10 min environ**

Sauce salade

Il faut pas mal d'ingrédients pour cette sauce, mais c'est tellement meilleur !

1 échalote
1 cuil. à soupe de coriandre
6 belles feuilles d'estragon
1 cuil. à soupe de vinaigre de Xérès
1/2 cuil. à soupe de vinaigre balsamique
3 belles cuil. à soupe d'huile d'olive

Hachez l'échalote, la coriandre et l'estragon.

Dans un bol, mélangez tous les ingrédients.

Réservez au frais.

Pour **4** personnes - Préparation : **10 min environ**

Sauce pour crevettes et huîtres

C'est une recette très simple ! Je l'ai inventée car je n'aime ni les huîtres nature, ni la sauce classique vinaigre-échalote.

2 citrons verts
1 cuil. à soupe de coriandre
1/2 gousse d'ail
3 cuil. à soupe d'huile d'olive

Pressez les citrons.

Hachez la coriandre et l'ail.

Dans un bol, mélangez le jus de citron, la coriandre et l'huile d'olive.

Réservez au frais.

Pour **1 bocal** - Préparation : **10 min environ**

Olives à l'ail et aux tomates confites

Voici une autre recette pour préparer les olives. Vous pouvez y mettre ce que vous souhaitez. Inspirez-vous de ce que vous trouvez sur votre marché et essayez diverses recettes chez vous.

250 g d'olives vertes dénoyautées
5 belles tomates confites
3 belles gousses d'ail
1/2 cuil. à café de pâte de piment
6 cuil. à soupe d'huile d'olive

Hachez les tomates confites et l'ail.

Dans un bocal, mettez tous les ingrédients.

Fermez-le et agitez-le pour bien mélanger.

Réservez au frais.

Pour **1 bocal** - Préparation : **10 min environ**

Olives, oranges, thym et cumin

Voici une manière de préparer les olives. Cela vous donnera peut-être d'autres idées ! Il est très important de maintenir ces olives au frais après préparation car les zestes d'orange ne se conservent pas toujours très bien.

2 oranges
250 g d'olives vertes dénoyautées
1 belle branche de thym
1/2 cuil. à café de graines de cumin
6 cuil. à soupe d'huile d'olive
poivre

Zestez les oranges.Dans un bocal, mettez les olives, les zestes, le thym, le cumin et l'huile d'olive.

Poivrez, fermez le bocal et agitez-le pour bien mélanger.

Réservez au frais.

Pour **4** personnes - Préparation : **20 min**

Verrines de tomate, citron et gingembre

Une recette rafraîchissante et toujours agréable pour accompagner certaines recettes de tapas !

3 belles tomates
1/2 citron jaune
huile d'olive
2 cm de gingembre frais épluché
ciboulette
sel et poivre du moulin

Coupez les tomates en deux dans le sens de la largeur et enlevez les pépins ; coupez-les ensuite en tranches de 0,5 cm d'épaisseur puis coupez ces rondelles en cubes.

Zestez le demi-citron puis pressez-le. Râpez le zeste.

Assaisonnez les tomates avec de l'huile d'olive, du sel, le jus du demi-citron, le gingembre que vous râperez directement, le zeste de citron râpé et un peu de ciboulette hachée.

Servez dans des petits verres.

Table des recettes

Remerciements

Je remercie toutes les personnes qui m'ont aidé à écrire ce livre et en particulier Bénédict.

Merci à toi Emmanuelle qui me supporte au quotidien et pour ta patience et ta curiosité en cuisine en particulier !

À Virginie et Florent pour votre générosité et vos très bons conseils en matière de vin.

À Bob et Valéry pour la qualité de votre travail, j'en profite pour vous féliciter.

Et bien évidemment tous ceux qui ont participé au dîner : Anne-Christine, Christophe, Patricia, Bertrand, Virginie, Florent, Sandrine, Tanguy et Manu.

Site Internet : www.miam-miam.com, vous y trouverez des recettes, astuces et histoires sur des habitudes, ingrédients et des actus sur la cuisine et la librairie, je vous le recommande vivement.

Valéry Drouet remercie Hyeyong Kim, AC Matière, Louisélio, C.F.O.C, Jeanine Cros.

Bob Norris remercie Juliane pour son aide, et la poissonnerie Vent et Marée, 100, rue de Meaux, 75019 Paris.

L'éditeur remercie Pauline de Labarthe pour son aide précieuse et son efficacité.

Directeur : Stephen Bateman
Directeur éditorial : Pierre-Jean Furet
Responsable éditoriale : Anne la Fay
Secrétariat d'édition : Charlotte Buch-Müller
Conception de la maquette intérieure : Mateo Baronnet
Réalisation : LBH labs
Couverture : Nicole Dassonville
Fabrication : Amélie Latsch

Dépôt légal : mars 2006
ISBN : 2.01.235818.7
23.27.5818.01.2

Achevé d'imprimer en Espagne par Graficas Estella.